Wir haben die Wahl

Das Buch

Kurt Biedenkopf, einer der profiliertesten Vordenker unseres Landes, sorgt sich um die Zukunft Deutschlands. Wir hinterlassen unseren Kindern und Enkeln einen riesigen Schuldenberg und marode Sozialsysteme, die nicht zukunftsfähig sind. Anstatt selbst Verantwortung für unser Leben zu übernehmen, verlassen wir uns viel zu sehr auf »Vater Staat«.

Es gibt eine klare Wahl: ein Mehr an staatlicher Bevormundung oder ein Mehr an bürgerlicher Eigenverantwortung. Je länger diese Entscheidung vertagt wird, desto kostspieliger wird sie. Denn der derzeitige Kurs immer expansiverer Ansprüche an den Staat überfordert diesen und führt geradewegs in die Erosion unserer freiheitlichen Grundordnung. Demgegenüber verficht Biedenkopf das Prinzip der Subsidiarität: Sozialpolitische Entscheidungen sind dort zu treffen, wo sie unmittelbare Auswirkungen haben. Nur so können Zentralismus und Bürokratismus verhindert, mehr Bürgernähe ermöglicht, Engagement und Motivation der Bürger gestärkt werden. Nur so können Deutschland und Europa die Stürme des 21. Jahrhunderts bestehen.

Der Autor

Kurt Biedenkopf, geboren 1930 in Ludwigshafen. In den 60er Jahren Rektor der Ruhr-Universität Bochum. Von 1973 – 1977 CDU-Generalsekretär, 1977 Mitbegründer des Instituts für Wirtschaft und Gesellschaft Bonn. 1990 – 2002 Ministerpräsident des Freistaats Sachsen. Vorsitzender des Kuratoriums der Hertie School of Governance und des Staats der Deutschen Nationalstiftung. Biedenkopf zählt zu den wichtigsten Meinungsführern Deutschlands.

Kurt Biedenkopf

Wir haben die Wahl

Freiheit oder Vater Staat

List Taschenbuch

Besuchen Sie uns im Internet:
www.list-taschenbuch.de

Ungekürzte Ausgabe im List Taschenbuch
List ist ein Verlag der Ullstein Buchverlage GmbH, Berlin.
1. Auflage Mai 2012
© Ullstein Buchverlage GmbH, Berlin 2010/Propyläen Verlag
Umschlaggestaltung: bürosüd° GmbH, München, unter
Verwendung einer Vorlage von Morian & Bayer-Eynck, Coesfeld
Titelbild: © Hans Scherhaufer
Satz: LVD GmbH, Berlin
Gesetzt aus der Garamond
Papier: Munkenprint von Arctic Paper Munkedals AB, Schweden
Druck und Bindearbeiten: CPI – Clausen & Bosse, Leck
Printed in Germany
ISBN 978-3-548-61100-6

Ludwig Erhard gewidmet

Inhalt

»Eine Regierung, die auf dem Prinzip des Wohlwollens gegen das Volk als eines Vaters gegen seine Kinder errichtet wäre ..., wo also die Untertanen als unmündige Kinder, die nicht unterscheiden können, was ihnen wahrhaft nützlich oder schädlich ist, sich bloß passiv zu verhalten genötigt sind ..., ist der größte denkbare Despotismus.« *Immanuel Kant*

»Über diesen Bürgern erhebt sich eine gewaltige Vormundschaftsgewalt, die es allein übernimmt, ihr Behagen sicherzustellen und über ihr Schicksal zu wachen. Sie ist absolut, ins Einzelne gehend, pünktlich, vorausschauend und milde. Sie würde der väterlichen Gewalt gleichen, hätte sie – wie diese – die Vorbereitung der Menschen auf das Mannesalter zum Ziel; sie sucht aber, im Gegenteil, die Menschen unwiderruflich in der Kindheit festzuhalten ... Sie arbeitet gern für ihr Glück, aber sie will allein daran arbeiten und allein darüber entscheiden.« *Alexis de Tocqueville*

Vorwort zur Taschenbuch-Ausgabe

Als ich im März 2008 mit der Arbeit an diesem Buch begann, war mit dem Scheitern des Bankhauses Lehman Brothers die Finanzkrise offen ausgebrochen. In schneller Folge mussten die Staaten, deren Banken und Finanzinstitute besonders betroffen waren, Rettungsmaßnahmen vorbereiten und strauchelnde Institutionen auffangen. Sie wurden zu »lenders of last resort« und mussten die damit verbundene Verantwortung übernehmen. Die bisherige Praxis, nicht nur den Märkten für Güter und Dienstleistungen durch zurückhaltende Regulierung zusätzliche Freiheit zu gewähren, sondern auch den Finanzmärkten, erwies sich als falsch. Ebenso erschüttert wurden die wissenschaftlichen Lehrmeinungen, die der politischen Abstinenz zugrunde lagen und sie rechtfertigten.

Die Krise wurde anfangs mit der Weltwirtschaftskrise der späten 1920-er Jahre verglichen und ihre Folgen für Europa und die Welt in düsteren Farben geschildert.

Vier Jahre später bietet sich ein neues Bild sowohl der deutschen wie der europäischen Politik. Nach dem Rückgang der gesamtwirtschaftlichen Leistung um gut fünf Prozent im Jahre 2009 erholte sich die deutsche Wirtschaft erstaunlich schnell. Im Jahre 2011 erreichten ihr Produktionsniveau und ihre Kapitalausstattung wieder den Stand des Frühjahrs 2008. Die Arbeitslosigkeit sank auf unter drei Millionen. Der Export erreichte neue Höhen. Die deutsche Wirtschaft erwies sich als robuster und leistungsfähiger als in allen anderen europäischen Staaten. Und mit ihr bewährte sich die deutsche Wirtschaftsverfassung der sozialen Marktwirtschaft.

Anstelle der im Kern überwundenen Finanzkrise hält uns nun die Eurokrise in Atem. Ihre Dimensionen erweisen sich als weit umfangreicher als ursprünglich angenommen. Sie überfordern nicht nur die vertraglichen Grundlagen der Währungsunion. Sie zwingen die Eurostaaten auch zu Maßnahmen, die vielleicht noch mit dem Wortlaut der Verträge vereinbar sein mögen, aber kaum noch mit deren ursprünglichem Geist. Das gilt vor allem für die griechische Tragödie. Sie hat eine Grundsatzdiskussion über die Fähigkeit der Demokratie ausgelöst, sich zu begrenzen.

Unbestritten war die Währungsunion bei ihrer Einführung ein Torso. Wesentliche Elemente einer funktionsfähigen Währungsgemeinschaft fehlten. Die Mehrzahl der Mitgliedstaaten erfüllte nicht die vertraglich festgelegten Voraussetzungen. So trat anstelle der Erfüllung der vereinbarten Konvergenzkriterien die Hoffnung, die institutionellen Defizite im weiteren Verlauf beheben zu können und die Überschuldung abzubauen. Aber die vertraglich vorgesehenen Mechanismen, mit denen diese Hoffnung hätte realisiert werden können, versagten.

Das Scheitern der Währungsunion zeigt: die Eurostaaten waren unfähig, ihre finanziellen Ansprüche an die Kreditmärkte auf das Maß ihrer Leistungsfähigkeit zu begrenzen. Die Eurokrise ist in Wahrheit eine Begrenzungskrise. Sie ist jedoch nicht einer Deformation der Demokratie geschuldet. Deformiert ist eine politische Kultur, die seit Jahren davon überzeugt ist, Regieren in der Demokratie sei nur bei nachhaltigem Wirtschaftswachstum möglich. Denn nur so lasse sich der soziale Frieden wahren. Eine Kultur, die die Zukunft verpfändet, um Wachstum zu fördern; die Europa für verloren hält, wenn es sich nicht aus der Schuldenfalle befreit; und die allen Ernstes glaubt, auf diese Weise die Menschheit beglücken zu können. Nicht die Demokratie steht auf dem Prüfstand, sondern unsere Art, mit ihr umzugehen. Wem diese Einsicht fehlt, der wird die Eurokrise nicht überwinden.

Dass die Finanzmärkte einer Bindung durch staatlich definierte Grenzen und Regulierungen bedürfen, ist inzwischen weitgehend unstreitig. Gerungen wird vor allem um ein rechtes Verhältnis von Freiheit und Begrenzung. Auch hier zeichnen sich Annäherungen ab, mit denen noch vor kurzem kaum zu rechnen war. Aus Feinden sind die Finanzmärkte inzwischen zu Adressaten der Bemühungen der staatlichen Schuldner um das Vertrauen ihrer Gläubiger geworden.

Damit rücken die Anstrengungen in den Mittelpunkt, die gemeinsame Währung zu erhalten und zugleich die schweren Konstruktionsfehler zu beheben, die ihre Begründung kennzeichnen und inzwischen ihre Existenz bedrohen. Was wir in diesem Zusammenhang an politischen Maßnahmen erleben, ist weniger Ausdruck gefestigter ordnungspolitischer Konzepte und gesicherter Erfahrungen. Vielmehr finden sich die europäischen Demokratien als Folge der Eurokrise in einem Suchprozess wieder, bei dem es nicht nur um Antworten, sondern bereits um die Formulierung der zutreffenden Fragen geht, die den Weg zu tragfähigen Antworten weisen können.

Das Positive daran ist: Die Europäische Union und ihre Mitgliedstaaten erweisen sich als lernfähige Systeme, als lernende Demokratien. Das bleibt nicht ohne Auswirkungen auf ihre Governance. Krisenzeiten sind Zeiten der Exekutive. Wenn sich Staaten in einer gemeinsamen Krise wiederfinden, verbinden sich ihre Exekutiven zu gemeinsamem Handeln. Die damit verbundene Machtverlagerung hin zur Exekutive und weg von den nationalen und europäischen Parlamenten ist nicht unproblematisch. Vor allem, wenn die Krise längere Zeit andauert, kann diese Machtverschiebung sich verfestigen und de facto zu einer neuen dauerhaften Struktur führen.

Eine Folge der krisenbedingten Fokussierung der Parlamente auf ihre um Gemeinsamkeit bemühten Regierungen ist die Reduktion der parlamentarischen politischen Konfrontation. Die Konsensbildung als Voraussetzung gemeinsamen Handelns der Regierung erschwert es der jeweiligen Opposition in den nationalen Parlamenten, Alternativen zu geplanten Maßnahmen zu entwickeln. Die Drohung mit der Gefährdung des Konsenses und damit der Handlungsfähigkeit der Eurozone oder der Europäischen Union reduziert so den parlamentarischen Gestaltungsraum und führt zu »alternativlosen« politischen Perspektiven.

All dies hat Rückwirkungen auf die Wahlmöglichkeiten zwischen politischen Alternativen und damit auf einen ordnungspolitischen Ansatz auch der Wirtschafts-, Arbeitsmarkt- und Sozialpolitik. Betroffen sind also nicht nur wesentliche Elemente demokratischer Verfasstheit, sondern auch das mit ihnen verbundene Konzept der sozialen Marktwirtschaft. Und dies zu einem Zeitpunkt, in dem eben dieses Konzept einer freiheitlichen Verfassung der deutschen Wirtschaft triumphiert, sich jedenfalls als leistungsfähiger erweist als die Wirtschaftsordnungen zahlreicher unserer europäischen Partnerstaaten. Umso wichtiger deshalb, sich auf die Stärken der sozialen Marktwirtschaft zu besinnen und Krisen nicht als Bedrohung zu sehen, die als Begründung für »pragmatisches« statt ordnungspolitisches Handeln herhalten kann. Wir müssen die Krise auch als Chance für die Erneuerung der Ideen Ludwig Erhards und seiner sozialen Marktwirtschaft begreifen und Mut aus der Tatsache schöpfen, dass sie sich gerade in der Krise als leistungsfähige, freiheitliche Ordnung bewährt hat. Und wir müssen der Versuchung widerstehen, die Krise zu perpetuieren und so auf Dauer die durch sie hervorgebrachten neuen Governance-Strukturen zu rechtfertigen.

Erstes Kapitel

Freiheit oder Vater Staat

I

Eine ganzheitliche Ordnung

Seit Ludwig Erhard 1948 mit der Währungsreform und der Einführung der D-Mark die von den Alliierten verordnete Zwangsbewirtschaftung aufhob, leben wir in Deutschland in der Sozialen Marktwirtschaft. Aber Erhards Idee blieb bis heute unvollendet. Die Wettbewerbswirtschaft entstand und mit ihr die Freiheit der Märkte, die Konsumfreiheit, die Freiheit der Unternehmer und eine stabile Währung. Dem Staat oblag es, Spielregeln für die Märkte zu entwickeln, der Freiheit eine Ordnung zu geben, sie in die Pflicht der Verantwortung zu nehmen, aber auch vor Missbrauch zu schützen, kurz: Rahmenbedingungen zu schaffen, um den Kräften der Freiheit Raum zur Entfaltung zu geben.

Für Gerechtigkeit und Solidarität dagegen blieb der Staat unmittelbar zuständig. Die soziale Ordnung zu gestalten und soziale Sicherheit zu gewährleisten war auch weiterhin seine Aufgabe. Märkte, so bewertete man die Erfahrungen des 19. und der ersten Hälfte des 20. Jahrhunderts, waren dazu kaum in der Lage.

Es waren Bismarck und Lassalle, die gegen Ende des 19. Jahrhunderts den Staat in die Pflicht genommen hatten, zur Überwindung des Elends der Arbeiter und ihrer Familien beizutragen. Mit den ersten bescheidenen Sozialgesetzen hatten sie eine staatliche Antwort auf die Herausforderungen der Großen Sozialen Frage des aufkommenden Industriezeitalters gegeben. »Vater Staat« sorgte hinfort dafür, dass die schlimmsten Missstände überwunden wurden, den Arbeitern in den Fabriken ein Mindestmaß an Gerechtigkeit widerfuhr und sie, unterstützt durch ihre Gewerkschaften, für ein besseres Leben kämpfen konnten. Es war die Geburtsstunde des Sozialstaates.

Bei dieser ordnungspolitischen Zweiteilung ist es geblieben – bis heute. Geblieben ist auch die Überzeugung, dass Märkte in der Sozialordnung keinen Platz haben. Ludwig Erhards Idee war es, diese Zweiteilung mit seinem Konzept einer einheitlichen Wirtschafts- und Sozialverfassung aufzulösen. Sein Ziel war eine ganzheitliche Ordnung, in der die Teile den gleichen Grundprinzipen verpflichtet sind. Sie wurde nicht verwirklicht. Die Folgen, die sich aus den Spannungen der beiden Teilbereiche – Wettbewerbs- und Sozialordnung – ergaben, beschäftigen uns bis heute.

Die Wirtschaft der Bundesrepublik entfaltete sich in der Freiheit des Wettbewerbs und war von Anfang an erfolgreich. Der Fleiß und die Fähigkeiten aller Beteiligten und die Bereitschaft der Investoren, den Wirtschaftsaufschwung zu finanzieren, brachten beispiellosen Wohlstand. Er wuchs mit dem Wachstum der Wirtschaft: seit 1960 real um das Vierfache. Noch nie hat ein europäisches Land innerhalb eines halben Jahrhunderts eine derartige Vermehrung des allgemeinen Wohlstands erlebt.

Zugleich wuchsen auch die Ausgaben, die dem Staat bei der Erledigung seiner Aufgaben im Rahmen der Sozialordnung entstehen. Im Jahre 1960 nahm ihre Finanzierung rund ein Fünftel der gesamten Wertschöpfung des Landes in Anspruch. Heute sind es rund dreißig Prozent. Damit wuchs der Aufwand für Soziales um fünfzig Prozent schneller als das Bruttoinlandsprodukt. Mit anderen Worten: Je wohlhabender die Deutschen wurden, um so mehr glaubten sie, auf die Fürsorge des Sozialstaats angewiesen zu sein.

Weil die Wirtschaftsleistung nicht ausreichte, neben den übrigen, ebenfalls wachsenden Aufgaben des Staates auch die Soziallast zu tragen, musste sich der Staat verschulden. Seine Schulden wuchsen mit der Zeit, zunächst parallel zur gesamtwirtschaftlichen Wertschöpfung, schließlich schneller als diese. Dass es so kommen könnte, war schon in den späten 1950er Jahren abzusehen. Erhard war schon damals beunruhigt und versuchte – vergeblich – gegenzusteuern.

Seine Nachfolger glaubten, mit nachhaltigem, angemessenem Wirtschaftswachstum einen Ausweg aus dem Dilemma gefunden zu haben. Das ging eine Zeit lang gut. Bis der Staat sich gezwungen sah, auch das Wirtschaftswachstum zu subventionieren. Heute stellt sich die Wirklichkeit allen Versuchen entgegen, diese Politik fortzusetzen: die maroden Staatsfinanzen, die geplünderte Natur, die von Erschöpfung bedrohten natürlichen Ressourcen. Dazu gesellt sich die immer dringlicher gestellte Frage nach dem Sinn des Ganzen.

Erhard ging es nicht nur um die Wirtschaft. Es ging ihm auch um den Sinn des Ganzen. Deshalb suchte er nach Wegen, die Zweiteilung der Wirtschafts- und Sozialverfassung zu überwinden. Seine Mahnungen waren berechtigt und seine Vorschläge zielführend. Aber man wollte nicht mehr auf ihn hören. Dieses Buch handelt von dem, was heute geschehen muss, um die Zweiteilung unserer Gesellschaftsordnung zu beenden. Es hat die Erneuerung, besser: die Wiederentdeckung der Sozialen Marktwirtschaft im Sinne einer ganzheitlichen Ordnung zum Gegenstand. Das ist offensichtlich eine politische Aufgabe. Deshalb richtet sich dieses Buch besonders an die Generation der geburtenstarken Jahrgänge, die in den letzten Jahren mit Angela Merkel als Bundeskanzlerin die politische Führung übernommen hat: in der Bundes- und in den Landesregierungen, im Bundestag und in den Länderparlamenten.

Für die kommenden rund zwanzig Jahre wird diese Generation die politische Verantwortung für die Zukunft Deutschlands tragen. Sie wird sie mit ihren Ideen, Überzeugungen und Entscheidungen politisch gestalten. Sie wird über die Zukunft Europas mitbestimmen und die Rolle Europas in der Welt beeinflussen. Ihre Aufgabe wird es sein, den Reichtum an Wissen, Erfahrungen, Einsichten und Möglichkeiten zu nutzen, der ihr als Ertrag der Jahre seit Neubeginn der Demokratie in Deutschland zur Verfügung steht. Ihre Aufgabe wird es sein, die Reformhypotheken abzutragen, die sie mit Übernahme der politischen Verantwortung vorgefunden hat.

Bei all ihrem politischen Tun wird diese Generation vor Fragen stehen, die so noch nie gestellt wurden. Sie wird Antworten geben müssen, ohne sich an historischen Vorbildern orientieren zu können. Die neuen Wirklichkeiten werden von ihr verlangen, Neuland zu erkunden und zu erschließen, für das es keine Landkarten gibt. Sie wird vor der Aufgabe stehen, Ordnungen zu schaffen, die verlässlich sind und die Menschen mit Zuversicht in die Zukunft blicken lassen.

Ihre wichtigste politische Aufgabe jedoch bleibt der Schutz der Freiheit. Sie soll sich zum Wohle jedes Einzelnen und unseres Gemeinwesens entfalten können und vor staatlicher und wirtschaftlicher Vormundschaft bewahrt bleiben. Freiheit und Vormundschaft sind nicht vereinbar. Nur wenn unsere Demokratie von der Freiheit der Bürger und ihrer Verantwortungsbereitschaft getragen wird, erfüllt sich ihr Sinn. An uns allen liegt es, im Widerstreit zwischen Freiheit und vormundschaftlichem Staat uns für die Freiheit zu entscheiden. Wir haben die Wahl.

Wer regiert, muss Entscheidungen treffen. Mit jeder politischen Entscheidung, gleich welchen Gegenstand sie betrifft, wird auch zwischen mehr Freiheit oder mehr Vormundschaft entschieden. Meine Erfahrung mit politischen Entscheidungen lehrt mich: In den wenigsten Fällen sind sich die Entscheidungsträger dessen bewusst. Dabei geht es immer auch um die Fähigkeit der Bürger, Freiheit verantwortlich wahrzunehmen. Eigenverantwortung der Bürger einzufordern ist häufig mit höheren politischen Kosten und Risiken verbunden als ein vormundschaftliches Angebot. Die Häufung derartiger Angebote aber gefährdet die Freiheit.

II

Entwöhnung von der Freiheit

Geschrieben habe ich das Buch aus Sorge um die Zukunft Deutschlands und Europas, um die Zukunft unserer Kinder und Enkel. Dem Ringen um eine Ordnung der Freiheit, ihre Werte und Gesetzmäßigkeiten, habe ich in den letzten sechs Jahrzehnten meine wissenschaftliche und politische Arbeit gewidmet. Dabei ging es mir von meiner ersten Wortmeldung als junger Wissenschaftler in Frankfurt an bis heute um die wichtigste Frage, die jeder freiheitlichen und dem Recht verpflichteten Demokratie gestellt ist: Wie müssen die Bedingungen beschaffen sein, dass sich Freiheit im Rahmen ihrer Verantwortung für Gerechtigkeit und Solidarität zum Wohl der Bürger und des Landes entfalten kann? Darum geht es auch bei der freiheitlichen und ganzheitlichen Gestaltung der Sozialen Marktwirtschaft.

Wenn in der Wirtschafts- und Sozialverfassung und in der Verfassungsordnung Deutschlands die Freiheit Vorfahrt erhält, hat das Land eine gute Zukunft; wenn Vater Staat Vorfahrt erhält, droht unaufhaltsamer Niedergang. In welche Richtung die Reise in die Zukunft Deutschlands und Europas gehen soll, müssen wir in den kommenden Jahren entscheiden. Diese Entscheidung duldet keinen Aufschub. Wir haben die Wahl!

Geben wir der Freiheit der Bürger und ihrer Fähigkeit zur Verantwortung den Vorzug, dann werden wir Kräfte, Phantasie und Engagement freisetzen, die Deutschland für eine gute Zukunft braucht. Wir werden uns voller Zuversicht den kommenden Herausforderungen stellen. Wir werden für uns nicht mehr fordern als wir leisten können. Wir werden die Rechte der Nachkommen ebenso respektieren wie die Stimmen unserer Ahnen. Wir werden der Verstaatlichung der Fürsorge Grenzen setzen und Raum schaffen für personale Solidarität.

Mit unseren Rechten werden wir zugleich unsere Pflichten anerkennen: gegenüber unseren Kindern und Enkeln, unseren Nächsten, unseren kleinen Lebenskreisen, unserer Stadt und unserer Region. Wir werden diese Pflichten in eigener Verantwortung zur Entfaltung bringen, wo immer unsere Kräfte und Fähigkeiten dies zulassen. Wir werden für eine ganzheitliche und freiheitliche Ordnung unserer Wirtschafts- und Sozialverfassung streiten; für einen Staat, der seine Stärke der Fähigkeit verdankt, sich auf die Aufgaben zu begrenzen, die ihm durch unsere freiheitliche Verfassung übertragen sind. Deren Wichtigste ist es, die Freiheit zu schützen. Deshalb werden wir ihn davor bewahren, seine Kräfte durch die ständige Ausweitung seiner Vormundschaft zu verzehren.

Unser Ziel ist eine Ordnung, die die Staatsmacht zum Wohle verantworteter Freiheit begrenzt, die den Staat und seine Organe als dienende Macht versteht. Eine Macht, die immer dann bereitsteht, wenn das Bemühen, unsere Angelegenheiten eigenverantwortlich zu gestalten, an Grenzen stößt. Nur wenn wir im Rahmen unserer Fähigkeiten Verantwortung für uns und unser Land tragen, können wir den Sinn der Freiheit erkennen. Wenn uns das gelingt, werden wir stolz auf unsere Freiheit und auf das sein können, was wir geleistet haben.

Wo immer wir Vater Staat die Vorfahrt überlassen, begeben wir uns in seine Obhut. Wir gewöhnen uns daran, ihn für uns, unsere Probleme und die Erfüllung unserer Erwartungen verantwortlich zu halten. Wir gehen auf sein Angebot ein, unsere Freiheit scheibchenweise für seine Sicherheit einzutauschen, und dies in der Regel dauerhaft. Denn mit der Zeit wird es immer schwieriger, den Tausch rückgängig zu machen und die Freiheit zurückzufordern. So verlernen wir, wie es sich in Freiheit lebt und wie es ist, Verantwortung für sich selbst zu übernehmen.

Mit dem Verlust dieser Erfahrung verwandelt sich unsere Bürgerfreiheit allmählich in eine Abhängigkeit von staatlicher Vormundschaft. Deren Macht über uns wächst mit jedem neuen Lebensbereich, den wir ihr zur Regelung andienen oder ohne Not überlassen. Sie verspricht uns umfassende soziale Sicherheit, mehr soziale Gerechtigkeit und mehr Menschlichkeit. Die Versuchung ist groß. Schließlich lernen wir, uns in der scheinbaren Geborgenheit staatlicher Vormundschaft einzurichten. Vielen ist sie bereits zur Selbstverständlichkeit geworden; viele haben darüber den Mut zur Freiheit und die Zuversicht verloren, sich als freie Bürger in eigener Verantwortung den Herausforderungen des Lebens zu stellen.

Bis uns eines Tages die Risiken bewusst werden, die mit staatlicher Vormundschaft einhergehen. Unsicherheit tritt an die Stelle der versprochenen Sicherheit, wenn dem Staat Gefahren drohen, weil wir seine Leistungskraft überfordern; wenn er unsere Kinder und Enkel mit Hypotheken belastet, um sein Sicherheitsversprechen einzulösen. Bis selbst die Enteignung der Nachkommen nicht mehr ausreicht, die Sicherheit von Rentnern, alleinerziehenden Müttern oder Vätern, Kranken, Langzeitarbeitslosen oder Invaliden zu gewährleisten. Die heute aktive Generation wird von diesen Risiken besonders betroffen sein.

Im Grunde können wir seit den 1970er Jahren beobachten, wie die Räume schrumpfen, in denen die Bürger mit Hilfe des Privatrechts ihre Angelegenheiten eigenverantwortlich regeln. Wir erleben, wie ein wohlmeinend daherkommender Vater Staat uns vor den »Gefahren« der Privatrechtsordnung schützen will, indem er dieser in immer neuen Zusammenhängen die Fähigkeit abspricht, auch dem Allgemeinwohl zu dienen, als dessen Hüter er sich anbietet. Mit jedem solchen Angebot, das wir annehmen, verlieren wir eine weitere Parzelle des Lebensraums, den wir als freie Bürger zu gestalten berufen sind. So verschiebt sich das auf Freiheit gegründete Verhältnis von Bürgerverantwortung und staatlicher Zuständigkeit, das die Anfänge der Bundesrepublik in den 1950er Jahren bestimmte, immer weiter zugunsten des Staates.

Diese Veränderungen erfolgen nicht in plötzlichen Umbrüchen, die uns vor der Erosion der Freiheit warnen könnten. Sie vollziehen sich kaum merklich, in kleinen Schritten. Nur wenige sind bedeutsam genug, um unseren spontanen Unwillen oder gar unseren Widerstand gegen Vater Staat und die Ausweitung seiner bürokratischen Vormundschaft wachzurufen. Immer wieder gelingt es seinen aus- und umverteilenden Händen, unsere Sorge zu zerstreuen, eine zu große Abhängigkeit von ihm könnte unserer Freiheit schaden. Eher finden seine Angebote und Versprechen die Zustimmung der Mehrheit. Sie schlägt sich in Wahlerfolgen derer nieder, die die verteilenden Hände besonders eifrig rühren.

Weil sich die staatliche Vormundschaft bis heute immer weiter ausgedehnt hat, ist in der Wirtschafts- und Sozialordnung ein Ungleichgewicht entstanden, dessen Auswirkungen zu Lasten verantwortlicher Bürgerfreiheit gehen, aber noch viel weiter reichende Folgen haben. Ob es gelingen kann, dieses Ungleichgewicht wieder zugunsten der Bürgerfreiheit zu korrigieren, wissen wir nicht. Die Institutionen staatlicher

Vormundschaft und die Besitzstände, die sich um sie herum angesiedelt haben, sind mächtig. Immer wieder gelingt es ihnen, Versuche zu vereiteln, die auf eine Erweiterung bürgerlicher Eigenverantwortung zielen.

Genau besehen ist ihr Verhalten nicht verwunderlich. Kein Vormund trennt sich gern von seinem wohlhabenden Mündel. Auch Vater Staat mit seinem wohlfahrtsstaatlichen Regime hat kein Interesse daran, seine Mündel, die »kleinen Leute«, zu Freiheit und Selbstständigkeit zu befähigen. Mehr noch: Unter Berufung auf eine von ihm selbst verfügte Pflicht zur kollektiven Solidarität hindert er seine Mündel auch dann noch, sich aus seiner Vormundschaft zu befreien, wenn sie offensichtlich in der Lage wären, für sich selbst zu sorgen – etwa der Bürger, der Dank eines Jahreseinkommens von derzeit 66 000 Euro in der Lage wäre, selbst für sein Alter vorzusorgen. Er verbietet ihm, sozialpolitisch »erwachsen« zu werden.

Da die Grenzen der Umverteilung im Sozialsystem inzwischen jedermann deutlich werden, wird im Namen der kollektiven Solidarität bereits über eine weitere Ausdehnung der Beitragspflichten auf Selbstständige und sonstige Einkommen der Versicherten diskutiert – Einkommen, die nicht aus einer sozialversicherungspflichtigen Tätigkeit stammen und in denen sich die Verfügungsfreiheit des Bürgers manifestiert. Dabei ist nicht auszuschließen, dass auch solche Vermögen gemeint sind, die der privaten Altersvorsorge dienen. Vater Staat hat in den vergangenen Jahrzehnten bereits hinlänglich bewiesen, dass es ihm nicht an Phantasie fehlt, wenn es um die Finanzierung der vielfältigen Aufgaben seiner Vormundschaft geht.

So verlernen es die »kleinen Leute« als Mündel des Staates schließlich, ihre Freiheit zu nutzen und ihr Leben so weit wie möglich eigenverantwortlich zu gestalten. Sie beginnen, die mit der Freiheit verbundene Verantwortung als Last, mehr noch, als Zumutung zu empfinden – und sehen sich darin durch die vormundschaftlichen Besitzstände nachdrücklich bestätigt. Damit geht ihnen die Chance verloren, das Glück zu erfahren, das der freie Bürger empfindet, wenn es ihm durch persönlichen Einsatz gelingt, Gemeinsames zu gestalten, personale Solidarität zu üben und stolz auf das zu sein, was durch die freie Leistung vieler geschaffen wurde.

Diese »Entwöhnung von der Freiheit« durch Vormundschaft macht es den Betroffenen – und das ist die große Mehrheit der Bevölkerung – schwer zu verstehen, dass sie, die »kleinen Leute«, im Laufe der letzten Jahrzehnte mündig geworden sind. Tatsächlich könnten sie, auch im Wirkungsbereich der sozialen Systeme, weit mehr Verantwortung für sich und andere übernehmen, als ihnen der Sozialstaat zubilligt. Was sie tatsächlich leisten können, beweisen sie seit Jahrzehnten in eindrucksvoller Weise durch die Art, wie sie leben. Ihre Leistungsfähigkeit, ihr Verantwortungsbewusstsein, ihre Bereitschaft zu gelebter Solidarität, ihr Gefühl für Gerechtigkeit, ihr Fleiß, ihre Selbstständigkeit und ihre Loyalität zu ihrem Land sind es, denen Deutschland seinen Wohlstand, seine Wettbewerbsfähigkeit, sein Ansehen und nicht zuletzt seine Freiheit verdankt.

Die Bürger unseres Landes sind kompetent, leistungsbereit und zuverlässig. Sie haben eine gute Ausbildung, arbeiten in ihren Betrieben und Büros selbstständig, bauen Häuser oder kaufen sich eine Wohnung, besitzen Autos, reisen um die Welt, unterhalten Spar- und Vermögenskonten, schließen Versicherungen ab, kennen die Märkte, in denen sie sich bewegen, sind in allen Fragen, die sie interessieren, gut informiert, haben ihre eigenen Vorstellungen von ihrer Zukunft und der ihrer Lebenskreise. Nirgends haben sich alle diese Eigenschaften in jüngerer Zeit eindrucksvoller bewiesen als beim Wiederaufbau des Ostens Deutschlands und bei der Überwindung der Finanzkrise.

Der gewachsene Wohlstand hat die Chancen der Menschen

erweitert und ihre Fähigkeit zur Eigenverantwortung gestärkt. Nicht nur das eigene Wohlergehen, auch das Land und die Wohlfahrt seiner Bevölkerung hängen von der Bereitschaft der Bürger ab, Verantwortung zu übernehmen, soweit sie dazu in der Lage sind. Eine der Freiheit verpflichtete Politik wird diese Eigenverantwortung respektieren und ihre Entfaltung zum Wohle des Ganzen befördern.

III

Vom Sozialmündel zum Sozialbürger

Der Widerstand gegen die Botschaft von der Mündigkeit der »kleinen Leute« geht nicht in erster Linie von diesen selbst aus. Es sind die Besitzstände, die ihn leisten. Sie scharen sich um Vater Staat, haben an seiner Macht teil oder leiten ihre Macht von ihm ab. Sie weigern sich, den Bürgern die Verantwortung zurückzugeben, die sie ihnen überlassen haben. Sie weigern sich – wohlgemerkt – zu deren Schutz und aus Sorge, die Verantwortung könne die Bürger überfordern. Viele lassen sich davon überzeugen. Es macht das Leben leichter, die Verantwortung Vater Staat zu überlassen. Deshalb scheint es kaum möglich, diesen Widerstand zu überwinden. Entsprechende Versuche sind mit hohen politischen Kosten und Risiken verbunden. Auch diese Einschätzung selbst ist daher zu einer Art Besitzstand mutiert. Er findet Ausdruck in der Formel von der »politischen Unmöglichkeit« von Reformen.

Versuchen wir einmal, die angebliche »politische Unmöglichkeit« zu umgehen, etwa durch eine Alternative zur Vormundschaft, die nicht gleich auf offene Ablehnung der »kleinen Leute« stoßen und stattdessen ihre Neugierde wecken würde. Nehmen wir also an, die Vormünder würden sich unter dem Eindruck der neuen Wirklichkeiten eines Besseren besinnen und die Mündigkeit der »kleinen Leute« anerkennen. Sie wären bereit, deren Fähigkeit nicht länger zu bestreiten, als freie Bürger Verantwortung zu tragen. Sie würden deren längst in allen nicht sozialpolitisch definierten Lebensbereichen erwiesene Kompetenz und Verantwortlichkeit respektieren. Dann könnten die bisherigen »Sozialmündel« auch im Bereich der Sozialordnung ihre neu gewonnenen Möglichkeiten entfalten. Sie könnten neue Freiheitsräume besetzen und ihre Fähigkeit zu sozialer Verantwortung auch ohne den Zwang kollektiver Einrichtungen unter Beweis stellen. So könnten aus »Sozialmündeln« »Sozialbürger« werden, die sich auch in der Sozialordnung ein Teilnahme- und Mitbestimmungsrecht erstritten hätten.

Eine solche neue Sozialordnung hätte neue und andersartige Aufgaben zu erfüllen. Zum einen: Hilfe immer nur dann zu leisten, wenn die Bürger Lasten nicht allein und Risiken nicht ohne Unterstützung der sozialen Systeme bewältigen können. Zum anderen: soziale Gerechtigkeit nicht durch Umverteilung, sondern vorrangig als Teilhabegerechtigkeit zu verwirklichen, als Investition in die Befähigung aller, eigenverantwortlich und damit in Freiheit zu leben. Mit anderen Worten: Der Sozialstaat unterstützt die Bürger darin, im Bereich des Sozialen das zu werden, was sie überall sonst in der Gesellschaft seit langem sind: erwachsen und mündig. Daraus könnte eine Sozialordnung entstehen, in der der Ruf nach mehr sozialer Gerechtigkeit weder der Festigung sozialer Besitzstände dienen noch zum Ausbau vormundschaftlicher Macht missbraucht werden könnte. Die staatlichen Einrichtungen wären in dieser neuen Sozialordnung auf die im engeren Sinne sozialen Aufgaben begrenzt, die sich unmittelbar aus dem Schutz menschlicher Würde und den Verpflichtungen des Sozialstaats ableiten. Das Bundesverfassungsgericht hat sie erst kürzlich wieder in seiner Entscheidung zur Grundsicherung für Arbeitsuchende begründet und ihren Inhalt definiert.

Zweites Kapitel

Freiheit oder Planwirtschaft –
Zwei Bundestagsbeschlüsse

I

Eine Enquete-Kommission für Zukunftsfragen

Gegen Ende der ersten Dekade des 21. Jahrhunderts, im November und Dezember 2010, fasste der Bundestag zwei Beschlüsse, die uns Einblick in die Motive der Abgeordneten und in die Strukturen unserer heutigen sozialen Ordnung gewähren. Zum einen folgte das Parlament dem gemeinsamen Antrag der Fraktionen von CDU/CSU, SPD, FDP und Bündnis 90/Die Grünen und beschloss, eine Enquete-Kommission »Wachstum, Wohlstand, Lebensqualität – Wege zu nachhaltigem Wirtschaften und gesellschaftlichem Fortschritt in der Sozialen Marktwirtschaft« einzusetzen. Zum zweiten stimmte der Bundestag dem »Gesetz zur nachhaltigen und sozial ausgewogenen Finanzierung der Gesetzlichen Krankenversicherung – GKV-FinG« zu. Mit ihm wird der Beitrag zur gesetzlichen Krankenversicherung erhöht. Er beträgt ab 2011 15,5 Prozent des Lohnes oder Gehalts der Versicherten. Davon tragen die Arbeitnehmer 8,2 Prozent, die Arbeitgeber 7,3 Prozent.

Zwischen beiden Beschlüssen besteht scheinbar kein Zusammenhang. Gleichwohl gibt es, wenn auch nicht in einem direkten Sinne, Verbindungen zwischen den Strukturen und Funktionsweisen unserer sozialen Systeme, der Entwicklung der

Wirtschaftsverfassung der Sozialen Marktwirtschaft und der Einstellung der Bevölkerung zum Staat. Welche politische und wirtschaftliche Bedeutung diesen Verbindungen zukommt, ist ein Thema dieses Buches. Es bringt uns nicht nur in Berührung mit dem Auftrag der Enquete-Kommission. Es führt uns darüber hinaus zu Grundfragen, die das Verhältnis der Bürger zum Staat und seinem Auftrag zum Gegenstand haben.

Beginnen wir mit dem Beschluss des Bundestages zur Enquete-Kommission. Dass der Bundestag nach vielen Jahren vergeblicher Bemühungen und Mahnungen zahlreicher Fachleute Interesse an Fragen des nachhaltigen Wirtschaftens und den mit ihnen aufgeworfenen vielfältigen Problemen zeigt, ist zweifellos ein Fortschritt. Zu lange haben wir uns damit zufriedengegeben, im Wachstum des Bruttoinlandsprodukts (BIP), ausgedrückt in Prozent des jeweiligen BIP, den alleinigen Maßstab für die Leistungsfähigkeit nationaler Wirtschaften und die Wohlfahrt der Bevölkerung zu sehen.

Allerdings geht es dem Bundestag mit seinem Auftrag an die Kommission nicht nur um die Frage, ob das Wachstum des BIP einer Volkswirtschaft als alleinige Orientierung ausreicht, um Wohlstand, Lebensqualität und gesellschaftlichen Fortschritt angemessen abzubilden. Das Parlament spannt den Bogen weiter. Von »großen Herausforderungen« ist in der Begründung seines Beschlusses die Rede. Von Unsicherheiten über die weitere Entwicklung des Arbeitsmarktes, der Finanzmärkte, des demographischen Wandels und der steigenden Staatsverschuldung. Sie beunruhigen die Menschen ebenso »wie die Gefahren des Klimawandels, der Verlust biologischer Vielfalt, die mangelnde Generationsgerechtigkeit und die soziale Ungleichheit auf globaler Ebene«. All dies habe eine »grundlegende Diskussion über gesellschaftlichen Wohlstand, individuelles Wohlergehen und nachhaltige Entwicklung angestoßen«.

In dem Bundestagsbeschluss werden grundlegende Fragen unserer Ordnungspolitik und ihrer zukünftigen Inhalte aufgeworfen. An erster Stelle des Auftrages an die Enquete-Kommission steht deshalb der »Stellenwert von Wachstum in Wirtschaft und Gesellschaft«. Die Kommission soll die öffentliche Diskussion über die Wohlstandsperspektiven Deutschlands für die nächsten Jahrzehnte, unser Wohlstandsverständnis und die Prinzipien voranbringen, »mit denen die ökonomischen, gesellschaftlichen und ökologischen Herausforderungen bewältigt werden können«. Unser Wirtschaftssystem, heißt es dazu, »ist auf Wachstum ausgerichtet. Bleibt Wachstum aus, entsteht eine Reihe von sozialen und wirtschaftlichen Herausforderungen.«

Vor diesem Hintergrund soll die Kommission die Frage untersuchen, ob und gegebenenfalls wie das deutsche Wirtschafts- und Sozialmodell die genannten Herausforderungen auch mit geringen Wachstumsraten bewältigen kann beziehungsweise »welche Wachstumszwänge dem entgegenstehen«. Wohl auch in diesem Zusammenhang sollen die Felder der Arbeitsmarkt-, Sozial- und Einkommenspolitik beleuchtet werden.

Überspringen wir die Passagen, die die Entwicklung eines ganzheitlichen Wohlstands- und Fortschrittsindikators und Fragen des Zusammenhangs von Wachstum und Ressourcenverzehr betreffen. Wenden wir uns vielmehr dem ordnungspolitischen und damit eigentlichen Kern des Auftrages zu. Die Kommission soll unter anderem prüfen, »wie eine nachhaltig gestaltende Ordnungspolitik« beschaffen sein muss, um bei ökologischen Fehlentwicklungen oder bei Krisen auf den Märkten auf »Markt- oder Staatsversagen reagieren« zu können. Bedacht werden soll, wie eine nachhaltige Ordnungspolitik »den mündigen Bürger und Verbraucher stärken kann, der aus eigener Einsicht und in eigener Verantwortung unter geeigneten Rahmenbedingungen entscheidet«, wie der »Wettbewerb als

Innovationstreiber, Kostensenker und als Entdeckungsverfahren für neue Technologien« genutzt werden kann und schließlich, wie sich für den bisher vorwiegend quantitativ verstandenen Wachstumsbegriff eine stärkere qualitative Dimension gewinnen lässt.

Um Ordnungspolitik handelt es sich auch bei dem Teil des Auftrages, der die Arbeitswelt, unser Konsumverhalten und unsere Lebensstile zum Gegenstand hat. Auch deren Einfluss auf die Möglichkeiten nachhaltigen Wirtschaftens soll die Kommission untersuchen. Sie soll »Handlungsempfehlungen für Veränderungen entwickeln, die den eigenverantwortlich handelnden Bürger und Verbraucher ansprechen«. Untersucht werden soll, ob nachhaltiges Wirtschaften »grundlegende gesellschaftliche Veränderungen und Änderungen im Lebensstil des Einzelnen« erfordert, wie »die soziale Schwelle für nachhaltige Lebensstile gesenkt werden kann« und wie notwendige »Verhaltensänderungen durch politische und rechtliche Rahmenbedingungen begünstigt werden können«. Dazu soll die Kommission »demokratie- und marktkompatible Wege zu nachhaltiger Konsumentennachfrage« entwickeln.

Mit seinem Auftrag an die Kommission eröffnet der Bundestag eine ganzheitlich angelegte ordnungspolitische Debatte. Im Kontext der Sozialen Marktwirtschaft geht es dabei um das deutsche Wirtschafts- und Sozialmodell, konkret: um die Gestaltung der Wirtschafts-, Arbeits- und Sozialordnung. Sie werden nicht nur als ordnungspolitisches Ganzes gesehen. Sie werden auch für das Ziel eines nachhaltigen Wirtschaftens in Anspruch genommen. Entscheidend geht es dabei um die Rolle der freien und mündigen Bürger. Ohne ihre Mitwirkung und ohne ihre Bereitschaft, für nachhaltiges Wirtschaften Mitverantwortung zu übernehmen, sind die angestrebten Ziele nicht erreichbar.

Mit anderen Worten: Das Parlament setzt für die Bewältigung dieser – man kann wohl sagen schicksalhaften – Aufgaben unseres Landes auf mündige Bürger und Verbraucher, die nicht in einer gespaltenen Welt leben: als freie Wirtschaftsbürger in eigener Verantwortung, als Sozialbürger Leistungsempfänger planwirtschaftlicher Sozialsysteme. Die Bürger ihrerseits brauchen das Parlament, wenn es darum geht, ihre Freiheit zu schützen, die Rahmenordnung der Sozialen Marktwirtschaft zu gestalten und den demokratischen und sozialen Rechtsstaat zu verwirklichen.

Weil die Herausforderungen zu dringend sind und die Notwendigkeit schnellen Handelns zu offensichtlich, kann der Bundestag die legislative Beschäftigung mit dem umfassenden Arbeitskatalog der Kommission wohl auch nicht bis 2013 vertagen. Sechzig Jahre nach der Entscheidung für die freiheitliche Wirtschaftsordnung der Sozialen Marktwirtschaft ist die Zeit für ihre Revision und Neubegründung gekommen.

Auf der Tagesordnung steht nicht eine Änderung der Verfassung. Wohl aber der erneute Versuch, die Wirtschafts-, Arbeits- und Sozialordnung ganzheitlich aus der Verfassung und der Würde des Menschen abzuleiten und zu begründen als das, was sie letztlich ist: eine ganzheitlich gedachte Ordnung der Freiheit. Eine Erneuerung, die in den Blick nimmt, was wir heute über die Zukunft wissen können, worauf wir uns vorbereiten müssen und von welchen der gewonnenen Einsichten wir unser weiteres politisches Handeln leiten lassen sollten. Im Auftrag, den der Bundestag der Kommission erteilt hat, wird man deshalb wohl auch die Agenda sehen können, an der sich die Arbeit des Parlaments ausrichten soll.

Die Erfolgschancen stehen nicht schlecht. Es ist eindrucksvoll zu erleben, wie es der deutschen Wirtschaft durch die Gemeinschaftsleistung ihrer Beschäftigten und ihrer unternehmerischen Führungen gelungen ist, sich von den Folgen der Finanzkrise und des wirtschaftlichen Absturzes zu erholen, und wie sehr sich die Märkte dabei bewährt haben. Das sollte helfen, das beschädigte Vertrauen in die Leistungsfähigkeit der Märkte und der Wettbewerbsordnung wieder zu stärken und die Erneuerung der Sozialen Marktwirtschaft in Angriff zu nehmen.

II

Planwirtschaft im Gesundheitswesen

Hier nun kommt der zweite Beschluss des Bundestages ins Spiel: die Verabschiedung des GKV-FinG und die der Beschlussfassung vorausgegangene Debatte. Sie soll als Beispiel dienen für ein allgemeineres Phänomen: den planwirtschaftlichen Charakter der Sozialsysteme. Dass unser gegenwärtiges Gesundheitssystem alle wesentlichen Elemente einer planwirtschaftlichen Struktur aufweist, wird ihm vom Gesundheitsminister selbst attestiert und letztlich von niemandem bestritten. Es gebe, so Philipp Rösler, kein System, das regulierter sei als das Gesundheitssystem. Die Regierung wolle endlich »aus diesem Sumpf der Planwirtschaft« heraus.

Der organisatorische und politische Sachverhalt »Gesundheitssystem« ist damit zutreffend beschrieben. Gestritten wird darüber, was »wir«, das heißt in der Regel die Fraktionen des Bundestages oder die Parteien, für »die Menschen« leisten und wie »wir« Solidarität verwirklichen. Die Versicherten sind an dieser Debatte weder als eigenverantwortliche noch als mündige Bürger und Verbraucher beteiligt. Beteiligt sind sie als Beitragzahler, als Leistungsempfänger und als Objekte der Regelungswut tief gegliederter und verfilzter Machtstrukturen. An der Aufgabe, diesen Befund grundlegend zu verändern, sind in den letzten Jahrzehnten Bundesregierungen und Parlamente immer wieder gescheitert. Die vom jetzigen GKV-

FinG angestrebte Nachhaltigkeit der Finanzierung wurde bisher nur selten erreicht. Die Eigengesetzlichkeit des Systems, seine tradierten Denkweisen und seine selbst für Fachleute kaum durchschaubaren Verflechtungen haben sich stets als widerstandsfähiger und stärker erwiesen als alle evidenten Notwendigkeiten ihrer Reform.

Dieses Beharrungsvermögen wurde auch in der Debatte über den am heftigsten umkämpften Gegenstand deutlich: den Arbeitgeberbeitrag zur gesetzlichen Krankenversicherung. Die Bundestagsabgeordnete Andrea Nahles (SPD) warf dem Gesundheitsminister vor, er habe »allen Ernstes die Chuzpe«, die Arbeitgeberbeiträge einzufrieren. Dies geschehe in einer Zeit, in der die gesundheitlichen Belastungen der Arbeitnehmer durch Überstunden und Leistungsverdichtungen stetig stiegen und psychische Erkrankungen zu einer der großen Volkskrankheiten geworden seien. »In dieser Situation«, rief sie dem versicherten Volk aus dem Hause des Volkes zu, entlasse der Minister »die Arbeitgeber aus der Verantwortung für die Gesundheit der Arbeitnehmer. Das ist mies.« Damit wissen die Arbeitnehmer aus erster Hand, dass nicht sie, sondern ihre Arbeitgeber für ihre Gesundheit verantwortlich sind.

Natürlich weiß Frau Nahles, dass dieser Arbeitgeberbeitrag ein Bestandteil des Lohnes ist. Denn auch die Lohnnebenkosten sind Lohnkosten. Seine Arbeitnehmer kann der Arbeitgeber nur beschäftigen, wenn ihre Wertschöpfung ausreicht, um die Gesamtkosten ihrer Beschäftigung zu decken. Im Grunde bestreitet das niemand. Gleichwohl wird am allenfalls historisch erklärbaren Begriff »Arbeitgeberanteil« festgehalten. Er mag früher seine Begründung gehabt haben. Heute dient er vor allem dazu, den Eindruck zu erwecken, der Arbeitgeber trage zu den Sozialkosten des Arbeitnehmers durch einen eigenen Betrag bei.

Diese im Bewusstsein der Versicherten fest verankerte und

getreulich gepflegte Vorstellung erleichtert es dem Gesetzgeber, die Beiträge zu erhöhen. Denn die »Beteiligung« des Arbeitgebers reduziert den möglichen Widerstand gegen die zusätzliche Belastung. Das verringert die politischen Kosten einer gesetzlichen Beitragserhöhung. Mit dem Bestreben, den mündigen Bürger sachgerecht zu unterrichten, hat diese Aufteilung des Beitrages auf »zwei Hausnummern« wenig zu tun. Die Arbeitnehmer werden so über den wahren Lohn für ihre Arbeit im Unklaren gelassen. Deshalb fragen sie auch nicht nach Alternativen.

Vielleicht fürchten die Verantwortlichen, die »mündigen« Arbeitnehmer könnten die wahre Höhe der von ihnen erarbeiteten Beiträge erkennen und sich dann ebenso verhalten, wie sie es als Bürger und Konsumenten gewohnt sind: nach Alternativen zum planwirtschaftlichen Angebot Ausschau halten. Jedenfalls lässt sich so die Vehemenz erklären, mit der die Vertreter der kollektiven Sozialsysteme alle Angebote privatwirtschaftlicher Alternativen bekämpfen oder sich weigern, den Arbeitnehmern die Leistungen bestehender privater Krankenversicherungen zugänglich zu machen. Die Argumente, die dazu ins Feld geführt werden, erinnern an längst überholte klassenkämpferische Parolen, weshalb sie von den Linken auch mit besonderer Expertise vorgetragen werden.

Aus meinen Bemühungen, zu mehr Transparenz der Lohnabrechnung beizutragen und die Arbeitgeber zu bewegen, ihre Mitarbeiter über die gesamten Kosten – also den wahren Bruttolohn – ihrer Beschäftigung zu informieren, habe ich zweierlei gelernt: die Betriebsräte sind gegen derartige Informationen und – so Norbert Blüms Begründung – eine solche Information gefährde die Sozialpartnerschaft von Arbeitgebern und Arbeitnehmern. Blüms Begründung hat mich überrascht. Ich habe die Partnerschaft zwischen Arbeitgebern und Arbeitnehmern immer als Bund für einen gemeinsamen

Zweck gesehen: Güter und Dienstleistungen für Märkte zu produzieren, dafür zu sorgen, dass das eigene Unternehmen dabei erfolgreich ist, und die Arbeitnehmer durch Tarifverträge, Vereinbarungen und betriebliche Beiträge zur Alterssicherung oder Vermögensbildung an diesem Erfolg zu beteiligen. Deshalb kann ich die Notwendigkeit nicht erkennen, diese Zusammenarbeit im Sozialverband »Unternehmen« durch die Fiktion zu belasten, beim Arbeitgeberbeitrag handele es sich um einen Lohnbestandteil, den der Arbeitnehmer nicht durch seine Leistung erarbeiten müsse.

III

Freiheit ist nicht teilbar

Was nun lehren uns diese Beispiele? Wir können erkennen, dass in unserer Wirtschafts- und Sozialordnung zwei Ordnungsvorstellungen aufeinandertreffen, deren jeweilige Prinzipien im Grunde nicht vereinbar sind. Einerseits die Ordnung der Wirtschaft: Sie stützt sich auf eigenverantwortlich handelnde Bürger, die im Rahmen der staatlich vorgegebenen politischen und rechtlichen Ordnung ihre Freiheit ausüben, die den Wesenskern der Sozialen Marktwirtschaft ausmacht.

Andererseits das geltende Ordnungsprinzip der sozialen Systeme. Es ist gekennzeichnet durch zentrale, dem Bund und seiner Gesetzgebung zugeordnete planwirtschaftliche Strukturen. Seinen Auftrag sieht es vor allem in der Organisation einer umfassenden sozialen Fürsorge für die »kleinen Leute« mittels kollektiver Organisationen und einer gesetzlich verordneten Solidarität. Um Eigenverantwortung bemühte Bürger werden eher als störend empfunden. Sie passen, wie die erwähnte Bundestagsdebatte deutlich gemacht hat, nicht in das System. Versuche, zum Beispiel ein Krankheitsrisiko eigenständig, das heißt privatrechtlich zu versichern, werden als Entsolidarisierung, als Schritt in eine Zwei- oder gar Dreiklassengesellschaft verurteilt.

Die mündigen Bürger nimmt man lieber als Beitrags- und Steuerzahler in Anspruch. Als Leistungsempfänger verspricht man ihnen dafür eine umfassende sozialpolitische Betreuung. Sie wird ihnen durch Bürokratien und Organisationsstrukturen gewährt, deren Verfahren und Handlungsweisen den meisten verschlossen bleiben. Unter Hinweis auf die sozialpolitische Legitimation nimmt man zugleich für sich das Recht in Anspruch, den jeweiligen Inhalt der sozialen Gerechtigkeit zu definieren und damit die Definitionshoheit über den politisch notwendigen Inhalt und Umfang der sozialen Sicherheit zu gewinnen – ein selbstreferentielles vormundschaftliches System.

Die Frage ist, ob und wie sich diese beiden kaum kompatiblen Konzepte in eine einheitliche Ordnung der Sozialen Marktwirtschaft integrieren lassen und welche eher freiheitsorientierten Alternativen zur Verfügung stehen. Außer Frage steht, dass Freiheit als Ausdruck der menschlichen Würde und ihre Verwirklichung im Rahmen unserer Verfassungs- und Rechtsordnung nicht teilbar sind. Sie können sich nachhaltig nur in einer ganzheitlich angelegten Ordnung entfalten. Jeder Verzicht auf ein ganzheitliches Ordnungsdenken wird dazu führen, dass die Ordnung des Ganzen erst geschwächt, dann ihrer politischen Legitimation beraubt und schließlich durch Ordnungsvorstellungen verdrängt wird, die sich nicht länger an der Würde des Menschen und seiner innewohnenden Freiheit ausrichten. Besinnen wir uns deshalb auf unsere Aufgabe als freie Bürger, die freiheitliche Ordnung unseres demokratischen und sozialen Rechtsstaats mit Leben zu erfüllen. Lassen wir keine Reservate für Vormundschaft zu. Dies zu leisten ist nicht nur eine politische, es ist vor allem eine kulturelle Aufgabe.

DRITTES KAPITEL

Die heutige Sicht der Dinge

Kein Versuch einer ordnungspolitischen Erneuerung kann Erfolg haben, ohne das Interesse der Bevölkerung und ihre Bereitschaft zur politischen Mitwirkung zu gewinnen. Demokratisches Regieren ist auf Mehrheiten angewiesen. Das gilt erst recht, wenn es sich um Vorhaben handelt, die auf einen politischen Konsens über den Auftrag der Freiheit zielen und auf dessen Verwirklichung durch die Ordnung der Sozialen Marktwirtschaft; wenn es also nicht um die gesetzliche Regelung bestimmter Sachverhalte geht, sondern um den Versuch, zu einer neuen Sicht der Dinge vorzudringen, zu einer Reformation unseres Denkens.

Genau darum wird es in den kommenden Jahren gehen: eine Sicht der Dinge zu entwickeln, die uns die Kraft verleiht, uns von bestehenden Strukturen, eingefahrenen Gleisen und überholten Denkmustern zu trennen. Auf der Agenda der zweiten Dekade unseres Jahrhunderts stehen tiefgreifende Veränderungen, die uns von einer Welt im Umbruch abverlangt werden. Dabei geht es um die Frage, die auch die Enquete-Kommission des Bundestags beschäftigen wird: ob nachhaltiges Wirtschaften grundlegende Veränderungen im Lebensstil jedes Einzelnen erfordert und welche politischen, gesellschaftlichen und kulturellen Anforderungen die Verwirklichung neuer Konzepte und Strukturen an uns stellen wird. Konzepte, denen wir uns nicht länger verweigern können, wenn wir das Risiko vermeiden wollen, dass sich die Entwicklung verselbständigt – ohne unsere Mitwirkung und ohne Rücksicht auf unsere Ordnungsvorstellungen.

I

Die Haltung der Deutschen

Wie steht es nun mit der Aufgeschlossenheit der Bevölkerung, sich auf ein derartig anspruchsvolles Projekt einzulassen? Ist sie bereit, zugunsten unserer und der Zukunft der nachwachsenden Generationen Leistungen zu erbringen, die nicht ohne Einschränkungen des Gewohnten zu haben sind? Die Demoskopen antworten mit einem eher widersprüchlichen, doch wenig ermutigenden Bild. Die Haltung der Bevölkerung ist unübersichtlich. Erwartungen und Zuversicht einerseits, Skepsis und Sorgen andererseits halten sich die Waage. Blickt man auf die Entwicklung seit den 1950er Jahren zurück, sind die Veränderungen eindrucksvoll. Wichtige Auffassungen haben sich nachhaltig gewandelt. Ängstlichkeit, sorgenvolle Blicke in die Zukunft, Unentschlossenheit, geringes Vertrauen in die politischen Akteure, stille Verweigerung persönlicher Mitverantwortung oder offene Ablehnung sind zu erkennen: keine guten Voraussetzungen für die gemeinsamen Anstrengungen, die wir unternehmen müssen, um unsere Zukunft lebenswert zu erhalten.

Wichtig für die zukünftige Entwicklung des Landes ist die Einstellung der Bevölkerung zu der Frage, ob sie das Leben als Aufgabe sieht oder es vor allem genießen will. Um die Jahrtausendwende sahen 31 Prozent der Befragten das Leben als Aufgabe, 48 Prozent wollten es genießen. Die Priorität der unter 30-Jährigen war eindeutiger: 25 Prozent sahen ihr Leben als Aufgabe, und 50 Prozent wollten es genießen. Allerdings veränderte sich diese Einstellung in den folgenden Jahren. 2007 antworteten 39 Prozent der unter 30-Jährigen, sie sähen das Leben als Aufgabe. Nur 38 Prozent wollten es genießen. In der Bevölkerung insgesamt fiel die Entscheidung wesentlich deutlicher aus: 52 Prozent sahen das Leben als Aufgabe, und nur 29 Prozent wollten es vor allem genießen.

Das Vertrauen in die Politik geht zurück, aber die Erwartungen und Ansprüche an den Staat nehmen zu. Insgesamt könnte man die Veränderungen während der zurückliegenden Jahrzehnte auch als Ergebnis einer politischen Sozialisierung deuten. Die Bürger ziehen sich auf ihre unmittelbare Lebenswelt zurück. Dort liegt der Schwerpunkt ihrer Interessen und Ziele, ihrer Prioritäten, Wünsche und Erwartungen. Für diese Welt fühlen sie sich verantwortlich. Sie sehen sie im Großen und Ganzen weit positiver als die Situation des Landes. So schätzten 2008 46 Prozent der Deutschen ihre eigene wirtschaftliche Lage als gut oder sehr gut ein, diejenige Deutschlands hingegen nur 29 Prozent.

Wenig Veranlassung sehen die Deutschen, Verantwortung für Dinge der Allgemeinheit und des Allgemeinwohls zu übernehmen. Um die Jahrtausendwende fühlten sich 18 Prozent verantwortlich dafür, wie sich die Verhältnisse in Deutschland entwickeln; 72 Prozent fühlten sich nicht verantwortlich. Gleichwohl glaubten 48 Prozent an den Fortschritt und daran, die Menschheit gehe einer immer besseren Zukunft entgegen. 36 Prozent glaubten das nicht. In den folgenden Jahren veränderte sich diese Haltung nur wenig. Anfang 2009 empfanden 22 Prozent eine Verantwortung für die Entwicklung der Verhältnisse in Deutschland, 67 Prozent fehlte dieses Gefühl.

Wenn es um die Zukunftserwartungen geht, halten sich im Jahre 2008 Hoffnungen und Befürchtungen in etwa die Waage: 34 Prozent sehen der Zukunft mit Hoffnungen, 28 Prozent mit Befürchtungen entgegen. Man glaubt an den Fortschritt

(48 Prozent insgesamt, 67 Prozent der unter 30-Jährigen), weiß aber zugleich, dass das Leben immer schwerer wird (66 Prozent insgesamt, 70 Prozent der unter 30-Jährigen). Die Vorstellungen, die die Bevölkerung von unserer Gesellschaft in zehn Jahren hegt, sind nicht sehr positiv. Die Mehrheit erwartet, dass die Reichen immer reicher, die Armen immer ärmer werden (81 Prozent), dass die Gesellschaft kälter wird (70 Prozent), dass viele Menschen wirtschaftlich und gesellschaftlich nicht werden mithalten können (69 Prozent), dass Ältere immer mehr Mühe haben werden, die Gesellschaft zu verstehen (61 Prozent), und dass die Menschen immer materialistischer werden (59 Prozent). Der Familie gibt man etwas bessere Chancen. Nur 41 Prozent erwarten, dass sie an Bedeutung verlieren wird. Wenn es dagegen um Zukunftserwartungen und Visionen geht, nimmt sie einen Spitzenplatz ein. Alles in allem keine besonders ermutigende Perspektive.

Dieses Bild ist umso erstaunlicher, wenn man bedenkt, dass den Deutschen in den vergangenen sechzig Jahren eine in jeder Hinsicht außergewöhnliche Leistung gelungen ist. Sie haben ihr Land nach einem schrecklichen Krieg und dem politischen und moralischen Zusammenbruch in nur zwei Jahrzehnten wieder aufgebaut. Seit zwanzig Jahren sind sie wieder vereinigt unter einem gemeinsamen nationalen Dach. Sie leben in Freiheit und Frieden in einem vereinten Europa. Europäische Kriege sind praktisch unmöglich geworden. Ihr Wohlstand, ihre Wirtschaftskraft, ihre naturwissenschaftlich-technische Leistungsfähigkeit und die Qualität ihrer Infrastruktur haben sich vervielfacht. Sie wohnen gut, haben reichlich zu essen, leiden keine Not und verfügen über wachsende Spareinlagen. Mehr als neunzig Prozent derer, die arbeiten wollen, finden Arbeit. Wem das nicht gelingt, der kann auf die Solidarität der Gemeinschaft zählen. Sie ermöglicht ihm einen menschenwürdigen Lebensstandard.

Die große Mehrheit der Deutschen nutzt ihre Reisefreiheit und lernt die ganze Welt kennen. Ihre demokratische Ordnung ist stabil. Sie wird von einer Mehrheit getragen und, falls notwendig, auch verteidigt. Gemessen an allen denkbaren Maßstäben gehört Deutschland zu den erfolgreichsten Ländern der Welt. Die Bilanz der zurückliegenden sechzig Jahre ist in der Tat eindrucksvoll. Zu Recht sind rund achtzig Prozent der Deutschen stolz auf sie. Zugleich haben sie sich in ihrem Land eingerichtet, haben als Früchte ihrer Leistungen Besitzstände erworben. Die verteidigen sie mit Hilfe einer großen Zahl von Organisationen, wobei sie in Kauf nehmen, dass auch diese wiederum Besitzstände entwickeln. Zuständig für alle Probleme und Herausforderungen sind »die Politik« und Vater Staat nach dem Motto: Wir haben die Freiheit, sie tragen die Verantwortung.

II

Prinzipien oder Interventionen

Eine zukunftsfähige Ordnung? Vielleicht, wären da nicht ein Gebirge liegengebliebener Reformaufgaben und die wachsende Zahl neuer Herausforderungen. Und wäre da nicht das Gefühl, ein schleichender Prozess sei im Gange, der unsere Sicherheit, unser Lebensglück, aber auch unsere und des Landes Wohlfahrt gefährden könnte, wenn wir ihm nicht Einhalt gebieten. Ein Gefühl, das es uns schwer macht, uns an unseren gemeinsamen Leistungen zu freuen – keine überzeugende Grundlage für eine zukunftsfähige Entwicklung.

Wenn wir diese eher resignative Stimmung ändern wollen, müssen wir die heutigen und die voraussehbaren Wirklichkeiten erkennen, in denen wir leben und leben werden. Wir müssen sie als das akzeptieren, was sie sind: der vorgegebene Raum, für dessen lebenswerte Gestaltung wir die Verantwortung tragen. Bei dieser Gestaltung wird es vor allem darauf ankommen, was wir für wichtiger halten: uns von tragenden Überzeugungen und Prinzipien leiten zu lassen oder möglichst schnelle und »praktische« Lösungen zu finden, auch wenn die Prinzipen und Überzeugungen dabei zu Schaden kommen.

Die Frage, welcher der beiden Alternativen sie bei politischen Entscheidungen den Vorzug geben, haben die Deutschen im Laufe der letzten zwanzig Jahre unterschiedlich beantwortet. Allensbach-Umfragen aus den Jahren 1992, 1998 und 2009 machen den Wandel ihrer Einstellungen deutlich. 1992 hielten 50 Prozent der Befragten die Orientierung an Prinzipien für wichtiger, 33 Prozent bevorzugten pragmatische Lösungen. 1998 votierten nur noch 27 Prozent für Prinzipientreue, 56 Prozent gaben pragmatischen Lösungen den Vorzug. Im Jahre 2009 war die Schar der Prinzipientreuen auf 23 Prozent geschmolzen. Knapp zwei Drittel zogen schnelle pragmatische Maßnahmen vor.

Setzen wir für Prinzipientreue den Begriff Ordnungspolitik und für schnelle pragmatische Lösungen den Begriff Intervention, dann wird die grundsätzliche Bedeutung sichtbar, die der veränderten Einstellung der Bevölkerung zu politischen Entscheidungen zukommt. Im Jahre 1992 konnten die politisch Verantwortlichen noch auf die Unterstützung der Bevölkerung bauen, wenn sie sich bei der Bewältigung schwieriger Probleme – etwa der Begrenzung von Ansprüchen – an ordnungspolitischen Grundsätzen orientierten. Ihre Grundsatzentscheidungen bewegten sich im Rahmen der Ordnung des Ganzen. Sie widersprachen deshalb auch nicht vergleichbaren Entscheidungen, die in anderen Bereichen der gesamtstaatlichen Ordnung getroffen wurden. Trotz der Vielzahl und Vielfalt politischer Einzelentscheidungen blieb die generelle Richtung gewahrt, in der sich Republik und Staat bewegten.

Doch schon Ende der 1990er Jahre konnten die Politiker, gleich welcher Partei, nicht länger mit der Unterstützung der Bevölkerung rechnen, wenn sie die vielfältigen, von organisierten Interessen und Besitzständen geforderten Interventionen mit Hinweis auf ihre ordnungspolitische Unzuträglichkeit zurückweisen wollten. Und heute werden Versuche, der Ordnungspolitik den Vorrang zu geben, kaum noch unternommen.

Wer es dennoch wagt, muss mit dem Widerstand der betroffenen Besitzstände rechnen. Zudem wird er für seine Bemühungen, interessengeleitete Forderungen an den Grundsätzen der Gesamtordnung zu messen, bei den Wählern keine ausreichende Unterstützung finden. Gerhard Schröder hat es mit der Agenda 2010 versucht. Aber seine Entscheidung fand schon wenige Jahre später, zumal nach einer verlorenen Bundestagswahl, in der eigenen Partei keine nachhaltige Unterstützung mehr. Die Risiken ordnungspolitischer Folgerichtigkeit, ihre politischen Kosten erscheinen den heute Regierenden zu hoch.

Was wir schon seit Jahrzehnten erleben, ist der Sieg eines weder durch eine erkennbare Ordnung noch durch Prinzipien oder innere Schlüssigkeit gebundenen Pragmatismus. Er triumphiert über die Prinzipien einer ganzheitlichen Wirtschafts-, Arbeits- und Sozialordnung, wie sie sich aus unseren Wertvorstellungen und unserer Verfassung ableitet. Die Folgen lassen sich ebenfalls seit Jahrzehnten besichtigen. Statt die politische und kulturelle Leistung einer freiheitlichen Gesamtordnung zu respektieren, stochern Hunderte von staatlich berufenen oder selbsternannten Instanzen mit einer unübersehbaren Zahl von Einzeleingriffen in dieser Ordnung herum, um unter Berufung auf bisher geübte Praxis, politische Notwendigkeiten, unabweisbare Bedürfnisse, berechtigte Forderungen oder schlicht auf gut Glück bestimmte Ergebnisse zu erzielen. Regierungserklärungen gleich welcher politischer Couleur versprechen Abhilfe. Kommissionen zur Entbürokratisierung des Dickichts aus Normen, Geboten, Subventionen, Leistungen, Zuweisungen oder Abgaben werden berufen. Sie legen Gutachten und Berichte vor, machen Änderungsvorschläge und empfehlen Maßnahmen.

Dessen ungeachtet nimmt die Regelungsdichte unserer Gesellschaft ständig zu. In keinem der Berichte, die ich kenne, wird jedoch der Versuch unternommen, die wirklichen Ursachen der allseits beklagten Entwicklung zu erforschen. Ob es das Steuerrecht ist, das Sozialrecht oder die zahllosen Genehmigungsverfahren: Überall fehlt der Durchblick. Kein Wunder deshalb, dass die Bürger die Politik nicht mehr verstehen. Sie klagen über Orientierungslosigkeit oder ziehen sich schlicht auf die Bereiche zurück, die sie aus eigener Anschauung kennen und deshalb in eigener Verantwortung mitgestalten können.

III

Eine neue Sicht der Dinge

Schon jetzt sollte deutlich geworden sein: Die Fortsetzung der Politik schneller pragmatischer Regelungen einer unübersehbaren Fülle von Einzelfragen kann uns kaum weiterbringen. Als Folge der Ansammlung neuer und ungelöster alter Probleme stehen uns Herausforderungen ins Haus, deren Dimensionen alles in den Schatten stellen, was unser Land seit der Wiedervereinigung zu leisten hatte. Man kann sie durchaus mit den Herausforderungen vergleichen, die in den ersten Jahren der Bundesrepublik bewältigt werden mussten. Gewiss lassen sich die äußeren Lebensverhältnisse von damals – das zerstörte Land, die anfängliche Not, der Verlust staatlicher Souveränität und das Misstrauen der europäischen Nachbarn – nicht mit unserer heutigen Realität vergleichen.

Was sich vergleichen lässt, ist die den Deutschen damals wie heute gestellte politische Aufgabe, ihr Denken und ihre Sicht der Dinge zu erneuern. Dies war für sie damals und ist auch heute eine historische Aufgabe. Leider ist es nicht gelungen, sie bereits im Zusammenhang mit der Wiedervereinigung in Angriff zu nehmen. In vielen Bereichen, etwa dem der sozialen Ordnung oder des Arbeitsrechts, boten sich Möglichkeiten einer Erneuerung. Sie wurden zugunsten einer Ausdehnung des Bestehenden auf die ostdeutschen Länder vertan. Ein Arbeitsgesetzbuch zum Beispiel war als Aufgabe des wiedervereinigten Landes verabredet. Bis heute wurde damit nicht begonnen.

Selbst wenn es sich, wie die Organisation und innere Ordnung der Hochschulen, um Bereiche handelte, mit denen die Westdeutschen seit langem unzufrieden waren, blieb es bei dem ungeliebten Zustand. Damit wurde die Chance verspielt, zusammen mit den Ostdeutschen an einer langfristigen Strategie der Integration der beiden Teile Deutschlands zu arbeiten. Viele nützliche Erfahrungen wären so gewonnen worden, manche Missverständnisse hätten vermieden werden können. Von vielen Westdeutschen mit Unverständnis und als Ausdruck der Undankbarkeit wahrgenommene Symptome der inneren Distanzierung im Osten wären uns erspart geblieben.

Gleichwohl bleibt die historische Aufgabe, von der hier die Rede ist. Ihre Lösung wird zu Ergebnissen führen, die uns zwingen werden, über die zukünftige Entwicklung Deutschlands und seine Rolle in Europa zu entscheiden. Bisher sind wir mit dieser Aufgabe schon deshalb nicht fertig geworden, weil wir uns geweigert haben, uns mit ihrem eigentlichen Kern zu befassen: den mit ihr verbundenen *Machtfragen.* Unsere auf Konsens bedachte politische Kultur tut sich schwer mit derartigen Fragen. Die Auseinandersetzung mit ihnen wird uns aber nicht erspart bleiben.

Wenn es um eine Ordnung geht, in der sich personale Freiheit und Verantwortung entfalten können, geht es immer auch um die Rolle des Staates, um seine rechtmäßige Macht und deren Grenzen, genauer: um die doppelte Aufgabe staatlicher Macht. Zum einen der Schutz der Freiheit *vor* staatlicher wie wirtschaftlicher und gesellschaftlicher Macht. Zum anderen der Schutz der Freiheit *für* die Aufgaben, deren Erledigung den Bürgern im Rahmen ihrer Fähigkeiten zugeordnet ist – durch eine ganzheitliche Ordnung, die der Freiheit, der Gerechtigkeit und der Solidarität verpflichtet ist.

Die eigentlichen Machtfragen sind in der zweiten Aufgabe angesiedelt. Werden sie zum Wohl des Ganzen und seiner Freiheitlichkeit entschieden, so bedeutet dies zum einen die Begrenzung staatlicher Macht zugunsten der Bürgerfreiheit und der durch sie legitimierten Zivilgesellschaft; zum anderen die Förderung einer ganzheitlichen politischen und kulturellen Ordnung unseres Gemeinwesens, die dem Prinzip Freiheit verpflichtet ist. Verkörpert wird sie durch die Idee der Sozialen Marktwirtschaft. Bei der Geburt unserer Republik hat sie Pate gestanden.

Bei der ganzheitlichen Ordnung unseres Gemeinwesens handelt es sich um mehr als um ein weiteres Reformvorhaben, das man dem politischen Kompromiss anvertrauen kann. Hier geht es um ein neues Denken, eine neue Sicht der Dinge. Sie muss sich aus Hergebrachtem lösen und die Kraft besitzen, die kulturellen und politischen Ideen zu erneuern, die im eigentlichen Sinne die Nation zusammenhalten. Es geht um eine neue politische und rechtliche Bewertung des Verhältnisses von Bürger und Staat.

Zur Debatte steht die Neuordnung der Verantwortlichkeiten von Staat, Bürger und Zivilgesellschaft. Dabei haben wir es mit Fragen von Macht und ihrer rechtlichen Bindung zu tun. Sie betreffen die Grenzen nicht nur unmittelbarer staatlicher Macht, sondern auch jener Macht, die sich in den Institutionen der sozialen Ordnung und bei den organisierten Besitz-

und seiner Regierungen zu begründen, kurz: unsere gelebte Ordnung zu erneuern. Erfolgreich werden wir damit allerdings nur sein, wenn wir diese Aufgabe im Kontext einer kulturell wie politisch definierten Gesamtordnung unseres Gemeinwesens und mit dem Willen angehen, unser Denken und unsere Sicht der Dinge zu erneuern. Es geht nicht zuvörderst um Wohlstand und Wachstum, sondern um unsere Art zu leben. Diese Fragen hat der Bundestag seiner Enquete-Kommission mit auf den Weg gegeben. Über den Weg, den wir in den kommenden Jahren gehen wollen, müssen wir selbst entscheiden. Wir haben die Wahl.

Viertes Kapitel

Die Entdeckung der Sozialen Marktwirtschaft

»Je mehr wir es dahin bringen, dass sich die Menschen als Individuen fühlen und sich gerade in der persönlichen Freiheit ihrer Kraft und Würde bewusst werden, umso besser und wohltätiger wird die gesamte gesellschaftliche Ordnung sein. Diese wird von viel höherer sittlicher Qualität sein als eine Gesellschaft, die immer neuer Organisationen und Institutionen bedarf, um das Chaos einer aus ihren inneren Zusammenhängen gerissenen Wirtschaft zu bändigen.« *Ludwig Erhard*

Aus heutiger Sicht hat die Soziale Marktwirtschaft einen eindrucksvollen Siegeszug hinter sich. Die Welt sieht in ihr eine besondere politische Leistung der Deutschen, und alle im Lande setzen auf sie: die beiden Volksparteien, die FDP, die Grünen – und heimlich inzwischen wohl auch die Linke. Diese Zustimmung ist vor allem eine Folge der durch sie erbrachten wirtschaftlichen Leistungen und der Erwartung, sie werde auch in Zukunft unseren Wohlstand sichern. Dass wir mit ihr die freiheitlichste Wirtschafts- und Sozialordnung besitzen und unser Wohlstand letztlich dem Mut vieler zu verdanken ist, die Kraft dieser Freiheit zu nutzen, ist uns weniger bewusst.

Aber man kann die Ordnung der Wirtschaft nicht allein mit dem Wohlstand begründen, den sie ermöglicht. Denn das würde bedeuten, dass unsere Bereitschaft, sie zu schützen, schwinden könnte, wenn Wachstum und Wohlstand ausbleiben. Bestand wird die Soziale Marktwirtschaft nur haben, wenn sie unserer politischen Unterstützung sicher sein kann, in guten wie in schlechten Zeiten. Kurz: Sie muss uns mehr bedeuten als Wachstum und Wohlstand. Dieses Mehr ist die Freiheit, ihr eigentlicher Kern. Es ist die Freiheit der Märkte, die wir als Konsumenten genießen, die Freiheit, unser wirtschaftliches Leben selbst zu bestimmen, und die Gewissheit, dass wir auf die Solidarität anderer vertrauen können. Auf die Nachhaltigkeit der Sozialen Marktwirtschaft können wir dann bauen, wenn wir verstehen, dass sie als die Verfassung unserer Wirtschafts- und Sozialordnung mit ihren freiheitlichen und sozialen Werten ein Bestandteil der Verfassung unseres Landes ist.

Ob die Soziale Marktwirtschaft diese Zustimmung findet, hängt also von uns ab. Wir müssen bereit sein, für ihre freiheitliche Ordnung nicht nur mit Worten, sondern auch im praktischen wirtschaftlichen Leben einzutreten. Es geht ihr wie der demokratischen Ordnung: Beide existieren, weil wir sie mit unserem Willen zur Freiheit und unserer Bereitschaft zur Verantwortung mit Leben erfüllen. Beides hat nicht nur mit Wirtschaft, sondern mehr noch mit der Kultur der Freiheit zu tun.

I

Die Anfänge

»Geboren« wurde die Soziale Marktwirtschaft mit der Währungsreform am 20. Juni 1948. Ihre Ursprünge reichen jedoch wesentlich weiter zurück. An ihrer Konzeption arbeiteten Wissenschaftler wie der Jurist Franz Böhm, der Nationalökonom Walter Eucken und Gleichgesinnte bereits zur Zeit der Weimarer Republik. Sie suchten nach Wegen, den überkommenen

Kapitalismus des 19. und des beginnenden 20. Jahrhunderts zu überwinden, nach einer Ordnung der Wirtschaft, die der Würde des Menschen verpflichtet ist. Sie fanden sie in der wertgebundenen Ordnung der Wettbewerbswirtschaft, in der die Freiheit vor den Gefahren der Macht geschützt ist, der wirtschaftlichen wie der staatlichen. Geschützt durch das Recht – insbesondere durch das Privatrecht – und durch die demokratische Verfassung. Beide, Verfassung und Rechtsstaatlichkeit, haben die Freiheit des Menschen zur Grundlage. Beide können politischen und wirtschaftlichen Machtmissbrauch verhindern.

Die überkommene kapitalistische Wirtschaftsordnung erfüllte diese Voraussetzungen nicht. Sie billigte unbegrenzte wirtschaftliche Macht, verzichtete auf ihre Kontrolle, ließ die Beseitigung des Wettbewerbs zu und sah keinen Anlass, die soziale Verantwortung unternehmerischer Freiheit einzufordern. Unter der Herrschaft der Kartelle und Monopole hatte sich eine »Ordnung« entwickelt, die auf einem rein formalen Freiheitsbegriff beruhte. Von dem Anspruch, die wirtschaftliche Freiheit aller zu respektieren, hätte sie nicht weiter entfernt sein können. In Wirklichkeit war die kapitalistische »Ordnung« eine Kapitulation des Rechts vor wirtschaftlicher Macht und Willkür.

Ihr traten die Wissenschaftler, die eine ordnungspolitische Neuorientierung anstrebten, mit der Wettbewerbsordnung entgegen – der späteren Sozialen Marktwirtschaft. In ihren Ordnungskonzepten sahen sie die wissenschaftlich begründete freiheitliche Alternative zur unfreien Kartellwirtschaft. Zugleich zogen sie mit ihren Ideen die Konsequenzen aus dem Versagen der Wirtschaft während der Weimarer Republik. Sie hatte mit ihren Kartellen, den Beschränkungen des freien Wettbewerbs und der Beseitigung freier Märkte eine planwirtschaftliche Ordnung geschaffen. Diese »Ordnung der Märkte« war als privatrechtliche Planwirtschaft wesentlich effizienter als jede

Verstaatlichung. So diente sie nicht nur den wirtschaftlichen Interessen der beteiligten Unternehmen. Sie erwies sich auch als leistungsfähige Basis für die Verwirklichung der Pläne Hitlers: den Aufbau einer Rüstungsindustrie und die Vorbereitung des Krieges. Die Verbindungen zwischen Teilen der Wirtschaft, vor allem der Montanindustrie im Ruhrgebiet, der damals sogenannten Waffenschmiede des Reiches, und den Nationalsozialisten trugen nicht unwesentlich zur Schwächung der Weimarer Republik bei.

Wie jede Planwirtschaft verlor auch die auf unternehmerischer Ebene organisierte Planwirtschaft der Weimarer Zeit ihre Anpassungsfähigkeit. Sie konnte deshalb nur unzureichend auf die verheerenden Auswirkungen der Weltwirtschaftskrise im Jahre 1929 reagieren. Mit der rechtlichen Billigung der umfassenden Kartellierung der Wirtschaft hatte der Staat wesentlich zu dieser Lähmung beigetragen. Er hatte politisch versagt.

Wer geglaubt hat, die Auswirkungen der schweren Finanzkrise von 2008/09 mit denen der Weltwirtschaftskrise von 1929 vergleichen zu können, hat diese Zusammenhänge übersehen. Durch die eindrucksvolle Erholung der deutschen Wirtschaft im Jahr 2010 wird er inzwischen eines Besseren belehrt worden sein – ein schlagender Beweis für die Leistungsfähigkeit der Wettbewerbsordnung.

Nach dem Zweiten Weltkrieg fanden Franz Böhm, Walter Eucken und ihre Freunde zur sogenannten Freiburger Schule zusammen. Im ersten Band ihres Jahrbuches für die Ordnung von Wirtschaft und Gesellschaft – ORDO – formulierten sie bereits 1948 die entscheidende Frage: Wie muss eine Wirtschafts- und Sozialordnung beschaffen sein, in der sich ein menschenwürdiges und wirtschaftlich erfolgreiches Leben entwickeln kann? Es ist diese Frage, um die es auch heute, im Zusammenhang der Erneuerung der Sozialen Marktwirtschaft, geht.

Böhm, Eucken und ihre Mitstreiter waren sich einig, »dass

nur die Veranstaltung von Wettbewerb in einem möglichst umfassenden Bereich der Wirtschaft eine volle Lösung des Problems der Wirtschafts- und Sozialordnung zu erbringen vermag« – und ausdrücklich »auch eine volle Lösung der wichtigsten sozialen Fragen«. Mit der gleichen Entschiedenheit, mit der sie sich zur Wettbewerbswirtschaft bekannten, lehnten sie alle Spielarten der Zentralverwaltungswirtschaft und einer sogenannten freien Wirtschaft ab, in der der Grundsatz des »Laissez-faire« galt.

Sie wollten, gerade auch nach den zurückliegenden Erfahrungen, keine planwirtschaftliche Ordnung, »weil sie die unabdingbare Freiheit des Menschen zwangsläufig missachtet«. Aber auch die schrankenlose Freiheit in der Wirtschaft führe zu Zusammenballungen von Macht, die »wirtschaftlich und sozial nicht minder schädlich ist als die staatliche Omnipotenz«. Anders als in der »Ordnung der Kartelle« oder der staatlichen Planwirtschaft forderten sie, die Gestaltung der Wirtschaftsordnung in keinem Fall den Interessenten zu überlassen. »Im Gegensatz zur Planwirtschaft« verlangten sie »freie wirtschaftliche Betätigung des Einzelnen überall dort, wo Wettbewerb veranstaltet werden kann«.

Für Böhm war die Wettbewerbsordnung ein Teil der Rechtsordnung, vor allem des Privatrechts. Sie sei, wie der demokratische und soziale Rechtsstaat, der Freiheit der Bürger verpflichtet. Deshalb könne sie nicht das Resultat eines politischen Willensaktes sein, verdanke sie ihren Geltungsgrund nicht Entscheidungen der Regierung. Auch dem demokratisch legitimierten Parlament stehe es nicht zu, in ihr ein Objekt seines Willens zu sehen. Die Grundlagen der Wettbewerbsordnung und damit der Sozialen Marktwirtschaft, so Böhm, seien politisch nicht verfügbar. Die Freiheit als Ausdruck der Würde des Menschen, die sich in der Wettbewerbsordnung entfalte, sei dem Staat vorgegeben.

Zugleich ist die Wettbewerbsordnung eine Ordnung des Rechts, weil sich nicht nur die Freiheit in ihr verwirklicht, sondern auch die rechtsstaatlich gebotenen Bindungen dieser Freiheit. Ihre konkrete Gestaltung ist Sache des Staates. Ihre Legitimation jedoch leitet sie aus der Freiheit des Menschen ab.

Ludwig Erhard kannte die Ideen und Entwürfe der Freiburger ORDO-Liberalen und ihre Autoren. Schon kurz nach Kriegsende warb er für eine freie Wettbewerbspolitik und die Grundzüge einer neuen Wirtschaftsordnung. Der eigentliche Gegensatz, stellte er im Oktober 1946 fest, »besteht nicht zwischen freier Wirtschaft und Planwirtschaft, sondern zwischen Marktwirtschaft mit freier Preisbildung und staatlicher Befehlswirtschaft mit regulativem Eingriff auch in die Verteilung«. Dieser Dualismus finde seine letzte Zuspitzung in der Frage, ob der Markt, als das Votum der gesamten Wirtschaftsgesellschaft, oder der Staat »beziehungsweise eine andere Form des Kollektivs, besser zu entscheiden vermag, was der Wohlfahrt der Gesamtheit, das heißt des Volkes«, diene.

Die Missachtung des Marktgeschehens basiert nach Erhards Überzeugung auf der völlig irrigen Vorstellung, das Glück der Menschen sei in einer quantitativ messbaren, maximalen Bedarfsdeckung zu suchen. Wenn der Staat jedoch künftig darüber wache, dass weder gesellschaftliche Privilegien noch künstliche Monopole den natürlichen Ausgleich der wirtschaftlichen Kräfte verhinderten, sondern dem Spiel von Angebot und Nachfrage Raum bleibe, dann werde der Markt den Einsatz aller wirtschaftlichen Kräfte regulieren und Fehlleitungen korrigieren.

»Nicht die segensreiche Einrichtung des Marktes«, betonte Erhard im Sommer 1947, »sondern der Missbrauch der Macht, dem immer die Ausschaltung des freien Wettbewerbs vorausgehen muss, haben es dahin gebracht, dass die ihrer Anpassungsfähigkeit an den gesellschaftlichen Willen beraubte Wirtschaft immer mehr entartete und ... nach immer weiteren planwirtschaftlichen Eingriffen verlangte.« Er hielt es deshalb für unerlässlich, der Ordnung durch Kartelle ebenso entgegenzutreten wie allen Vorstellungen zentralstaatlicher Wirtschaftslenkung. Eine privatrechtliche Planwirtschaft, die sich mit Hilfe der wirtschaftlichen Macht der Kartelle organisiert, war für ihn ebenso unvereinbar mit der freiheitlichen Wettbewerbsordnung wie jede staatlich organisierte Zentralplanwirtschaft.

Trotz der herrschenden Not, der Bewirtschaftung und der unterdrückten Inflation ließ Erhard keinen Zweifel an seiner Entschlossenheit, die unvermeidliche Währungsreform zu einer grundlegenden Erneuerung der Wirtschafts-, Arbeits- und Sozialordnung zu nutzen. Am Tag der Währungsreform hob er als Direktor des Wirtschaftsrates der drei westlichen Besatzungszonen wesentliche Teile der bestehenden Bewirtschaftung auf – gegen den Protest der Militärregierungen. Bei US-General Lucius D. Clay fand er schließlich Unterstützung.

Am 21. Juni 1948 wandte sich Erhard in einer Rundfunkansprache an die Bevölkerung. Er versicherte seinen Zuhörern, eine Gefahr für die Stabilität des neuen Geldes bestehe nicht, »wenn wir uns nur einer geordneten öffentlichen Haushaltsführung befleißigen und durch eine ebenso geordnete Geld- und Kreditpolitik dafür Sorge tragen, dass die Übereinstimmung von Güterproduktion und Kaufkraftbildung gewahrt bleibt. Und wenn darüber hinaus noch vorbeugende und kontrollierende Maßnahmen die Entstehung kartell- und monopolartiger Preisbildungen unmöglich machen.« Dann dürfe der weiteren Entwicklung auf preispolitischem Gebiet mit Ruhe und Zuversicht entgegengesehen werden.

II

Erhards historische Entscheidung

Man kann sich die Tragweite von Erhards damaliger Entscheidung heute kaum mehr vorstellen. Hätte er den vielfach gegebenen Rat befolgt und die Bewirtschaftung beibehalten, wäre die Einführung des neuen Geldes gescheitert. Die stabile Währung der D-Mark hätte sich nicht entwickeln können. Erhard wusste um das Risiko, das mit der Aufhebung der Bewirtschaftung verbunden war. Die ausgehungerte Bevölkerung würde alsbald ihre neue Kaufkraft einsetzen, aber auf weitgehend leere Märkte treffen. Tatsächlich reichte das Angebot nicht aus. Die Preise stiegen. Im Herbst 1948 drohten die Gewerkschaften mit einem Generalstreik gegen Erhards Politik. Die Kritik an ihm wuchs, auch in den eigenen Reihen. Erhard blieb standhaft. Er wusste, dass man die Bewirtschaftung nicht wieder einführen konnte. Er wurde als stur beschimpft, doch seine Sturheit siegte. Im Frühjahr 1949 stabilisierte sich die Lage. Angebot und Nachfrage begannen sich auszugleichen.

In dieser Zeit ging ich in Groß-Umstadt bei Darmstadt in die Schule. Wir hatten 1947 eine Schulzeitung gegründet, *Discipulus* hieß sie. Ihre Ausgaben wurden zunächst auf einem alten Matrizendrucker produziert. Im Juni 1948 hatten wir in Aschaffenburg einen Drucker für unsere nächste Ausgabe gefunden. Vielleicht wusste er mehr über die Entwicklung der kommenden Tage. Wir jedenfalls wurden von der Währungsreform überrascht. Als ich die Zeitung mit dem Fahrrad vom Drucker abholte, gab er mir eine Rechnung über DM 123,– mit auf den Weg – meine erste D-Mark-Rechnung! Keiner von uns hatte so viel Geld. So organisierten wir im September 1948 einen Schulball. Er brachte die Rettung.

Im Juli 1949 verabschiedete die CDU die Düsseldorfer Leitsätze, ihr Wahlprogramm für die erste Bundestagswahl. Der wirtschaftspolitische Teil war der Sozialen Marktwirtschaft gewidmet. Er trug Erhards Handschrift. Ein Jahr nach der Währungsreform und der Beendigung der Bewirtschaftung hatte sich die Christlich-Demokratische Union, noch vor ihrem ersten Parteitag 1950, Erhards Konzept der Sozialen Marktwirtschaft zu eigen gemacht. Erhards Kampf für die neue Ordnung, mehr noch ihre ersten wirtschaftlichen Erfolge, hatten die Partei überzeugt.

Wenige Monate später stellte Erhard sich seinen Gegnern in der Wirtschaft und in den eigenen Reihen. Er begründete die Notwendigkeit seiner Kartellpolitik und seines Kampfes gegen Wirtschaftsmacht. Es sei bekannt, dass er im freien Wettbewerb die beste Gewähr sowohl für fortdauernde Leistungsverbesserungen als auch für eine gerechte Verteilung des Volkseinkommens erblicke. Im Interesse einer wirklich »sozialen« Marktwirtschaft könne er auf diesen Motor einer gesunden ökonomischen Entfaltung nicht verzichten. Es entspreche seiner Überzeugung, unternehmerische Plan- und Zwangswirtschaft für nicht weniger verwerflich und schädlich zu halten als staatliche. Die »Unternehmerkreise« sollten sich bewusst sein, dass ihre Kartelle auf der gleichen geistigen Ebene operierten wie die Planwirtschaftler. Denn im Grunde gingen beide von der Illusion aus, es könne möglich sein, einen gesellschaftlichen Prozess, »in dem freie Menschen handelnd am Werke sind«, in ein planwirtschaftliches Schema zu pressen. Weil die Wirtschaft nicht ohne Risiken denkbar sei, verlangten die Menschen nach immer mehr Sicherheit – leider nicht nur diejenigen, deren schwache wirtschaftliche Position ein solches Verlangen immerhin begreiflich mache. Es seien auch Unternehmer darunter, die eigentlich wissen müssten, wie unvereinbar solche Wünsche mit echtem Unternehmertum seien.

Erhard war überzeugt, dass diese Art unternehmerischer

Planwirtschaft der Krise der 1930er Jahre den Stempel aufgedrückt hatte. »Das waren die Jahre der Entartung der Marktwirtschaft.« Sie stellten uns, so Erhard, vor die Frage, »ob wir durch die Rückkehr zur Freiheit die Funktionsfähigkeit des Marktes wiederherstellen wollen oder ob wir den Weg der Bindung und der Unfreiheit mehr und mehr zu einem allgemeinen Prinzip der Wirtschaft erheben sollen«.

Seiner Grundüberzeugung von der Unteilbarkeit der Freiheit blieb Erhard auch im Verlauf der kommenden Auseinandersetzungen um ein neues Kartellrecht treu. 1950 verteidigte er seine Politik gegenüber dem späteren BDA-Präsidenten Otto A. Friedrich: Er habe nicht die Absicht, in jene alte Wirtschaft mit ihrer Kartellherrlichkeit zurückzusteuern. Sie sei in den ausweglosen Krisen der 1930er Jahre versunken. Die Fronten für die Auseinandersetzung mit seinen Gegnern hatte er damit geklärt.

Erhards Soziale Marktwirtschaft bewährte sich. In der Bundestagswahl 1953 gewann die Union unter der Führung Konrad Adenauers die absolute Mehrheit. Die Bevölkerung akzeptierte die neue Ordnung der Wirtschaft vor allem wegen ihrer wirtschaftlichen Leistungsfähigkeit. Mit der Bedeutung ihres freiheitlichen Gehaltes war sie noch nicht vertraut; nach mehr als einem halben Jahrhundert verschiedener Formen der Planwirtschaft wäre anderes wohl auch nicht zu erwarten gewesen.

III

Der Kampf um das Kartellgesetz

In der zweiten Legislaturperiode des Bundestages behauptete sich die Idee der Sozialen Marktwirtschaft in der politischen Auseinandersetzung um ihre gesetzliche Ausgestaltung. Franz Böhm, damals einer meiner Lehrer an der Johann Wolfgang Goethe-Universität zu Frankfurt, wurde in einem Frankfurter

Wahlkreis als Bundestagsabgeordneter direkt gewählt. In seinem Seminar erlebten wir die Auseinandersetzung um das Verbot von Kartellen und Diskriminierungen durch marktbeherrschende Unternehmen aus nächster Nähe mit – und wir engagierten uns. Ich meldete mich mit zwei Beiträgen zu Wort.

Der erste stammt aus dem Jahre 1956. Mit ihm antwortete ich auf das Gutachten eines renommierten Staatsrechtlers. Er war vom Verein deutscher Maschinenbauer gebeten worden, sich zu der Frage zu äußern, ob das geplante Kartellverbot mit dem Grundgesetz vereinbar sei. Der Gutachter verneinte die Vereinbarkeit. Das Verbot verletze die verfassungsrechtlich geschützte Vertragsfreiheit. Von der Absicht der beteiligten Unternehmen, sich mit Hilfe ihres vertraglichen Zusammenschlusses Marktmacht zu sichern, den Wettbewerb zum Nachteil anderer auszuschalten, war nicht die Rede. Privatrechtliche Verträge, so der Gutachter, seien immer zulässig, solange sie nicht sittenwidrig seien oder auf Täuschung beruhten. Auch wenn mit ihrer Hilfe Macht über andere begründet werde, sollten sie den Schutz der Verfassung genießen.

Aus diesem »positivistischen« Vertragsverständnis, das die Wirkungen der Verträge ignoriert, hatte sich der Liberalismus des 19. Jahrhunderts entwickelt. Als sich das Reichsgericht im Jahre 1897 diesem Verständnis anschloss, war der Weg frei für die Kartellpolitik der Weimarer Zeit – mit den bekannten Folgen. Meine Gegenposition: Neben dem Rechtsverkehr der Beteiligten diene das Privatrecht auch dem Allgemeinwohl. Dem widerspreche es, die Vertragsfreiheit zur Bildung von Macht zu missbrauchen. Nicht ein Verbot der Kartelle verletze die Verfassung; vielmehr seien Kartelle, als vereinbarte Macht gegenüber anderen, mit der Verfassung unvereinbar.

Bei meiner zweiten Wortmeldung ging es um den Vorschlag, das Kartellgesetz durch eine Präambel zu ergänzen. Sie sollte klarstellen, dass der Schutz des Wettbewerbs durch das

Gesetz in erster Linie der wirtschaftlichen Freiheit und nicht der Wohlstandsmehrung diene. Der Schutz der Freiheit im Markt dürfe nicht vom Maß des Wohlstands abhängen. Der Vorschlag wurde nicht verwirklicht. Aber das Problem war benannt. Mitte der 1970er Jahre nahm sich die CDU in ihrem Grundsatzprogramm seiner mit der Feststellung an, die Soziale Marktwirtschaft müsse auch dann geschützt werden, wenn Wohlstandsmehrung ausbleibe. Allerdings war man damals überzeugt, dass dieser Fall wohl nie eintreten werde.

Bei der Einbringung des späteren Gesetzes gegen Wettbewerbsbeschränkungen 1955 im Bundestag erklärte Erhard, eine sinnvolle Wirtschaftspolitik bedürfe »in jedem Fall einer klaren theoretischen Grundlage«. Sie dürfe sich nicht »an verschwommenen und wechselnden Vorstellungen des Augenblicks orientieren«. Seine Gegner in der Union und in der Wirtschaft warfen ihm vor, theoretischer Modelle wegen beschränke er in verfassungswidriger Weise die Vertragsfreiheit und trete eine bewährte Wirtschafts- und Rechtstradition der deutschen Wirtschaft mit Füßen.

Der Abgeordnete Hermann Höcherl (CSU) lehnte die Vorlage im Namen seiner Parteifreunde ab. Er sah in ihr den Ausdruck des »ewigen Perfektionismus«. Die verfassungsrechtliche Koalitionsfreiheit werde durch das Kartellverbot verletzt. Auf die Wirtschaft komme ein Polizeistaat zu. Die Debatte machte deutlich, dass wichtige Teile der Union das ordnungspolitische Konzept Erhards nicht verstanden hatten – oder nicht verstehen wollten. Was Erhard als Steuerung einer freiheitlichen Gesellschaft durch eine staatliche Ordnung begriff, die nicht befehlen, sondern mittelbar lenken will, wurde von ihnen als staatlicher Interventionismus und Beschränkung der Freiheit verstanden, für die die Union doch angetreten sei.

Der Bundestag folgte schließlich Erhards Vorschlag. Er stimmte dem Gesetz gegen Wettbewerbsbeschränkungen, dem

Kartellgesetz, mehrheitlich zu. Zur gleichen Zeit gelang es der Bundesregierung, die Grundgedanken des Kartellgesetzes auch in den Römischen Verträgen von 1957 zu verankern, mit denen die Europäische Wirtschaftsgemeinschaft gegründet wurde. Dieser Erfolg war von weitreichender Bedeutung. Mit ihm setzte sich die deutsche Idee einer Wettbewerbsordnung gegen französische Vorstellungen durch. Denen zufolge war Wettbewerb nicht Ausdruck wirtschaftlicher Freiheit, die der Staat zu respektieren habe, sondern eines von mehreren Instrumenten staatlicher Wirtschaftspolitik.

Der Staat sei deshalb frei, Märkte »aus dem Wettbewerb« zu nehmen oder anderen Formen der Regulierung zu unterwerfen, wenn seine wirtschaftspolitischen Ziele dadurch besser verwirklicht werden könnten. Ob das der Fall sei, liege im politischen Ermessen der Regierung. Diese auf den Finanzminister Ludwigs XIV., Jean-Baptiste Colbert, zurückgehende Haltung prägt bis heute die französische Wirtschaftspolitik. Sie begegnet uns im deutsch-französischen Verhältnis immer wieder, wenn es um wirtschaftspolitische Fragen geht. Im Zusammenhang mit der Einführung des Euro werden wir darauf zurückkommen.

IV

Die Entgrenzung der Sozialordnung

Was nicht gelang, war die Verwirklichung von Erhards Konzept einer ganzheitlichen Wirtschafts- und Sozialordnung. Mit der gleichen Entschiedenheit, mit der er dessen Wettbewerbsordnung akzeptierte, machte sich der Bundestag im gleichen Jahr an die Neugestaltung der Sozialordnung. Er gab ihr Strukturen, die durch die Geschichte der deutschen Sozialpolitik geprägt und auf die Anfänge einer Sozialgesetzgebung durch Bismarck und Lassalle zurückzuführen waren. Die Lage der arbeitenden Bevölkerung im späten 19. Jahrhundert aber war durch Not, Elend und eine menschenunwürdige Form der Arbeit und Entlohnung gekennzeichnet, also keineswegs vergleichbar mit der sozialen Lage der Arbeitnehmer im Jahre 1957.

Das änderte jedoch nichts an der Entschlossenheit von CDU und SPD, den breiten Schichten der Bevölkerung von Staats wegen eine umfassende soziale Sicherheit zu gewähren. Die kollektiven Großorganisationen wie Renten- und Krankenversicherung sahen sich als Beschützer der Menschen, zu deren Fürsorge sie verpflichtet waren – und mit ihnen die überwiegende Mehrheit der Bevölkerung. An dieser Sicht der Dinge hat sich seitdem nichts geändert.

Ihre Sozialleistungen verstehen die staatlichen Versicherungsträger als Voraussetzung der Freiheit, nicht umgekehrt. Wann das Maß an Freiheit erreicht ist, das eine eigenständige Risiko- oder Altersvorsorge als Regel erlaubt, wird politisch entschieden. Dabei sprechen diese Organisationen ein gewichtiges Wort mit. Deshalb konnte sich der Vorschlag auch nicht durchsetzen, die soziale Ordnung der Freiheit nach den Grundsätzen der Subsidiarität zu gestalten. Damit wurde die von Erhard befürchtete Teilung seines ganzheitlichen Konzepts gesetzlich festgeschrieben. Diese Zweiteilung beeinflusst die politische, soziale und finanzielle Entwicklung der Bundesrepublik bis heute.

Der wirtschaftliche Erfolg verschaffte Erhard Anerkennung und Vertrauen in der Bevölkerung. Die Wähler akzeptierten »seine« Soziale Marktwirtschaft als Garant ihres wachsenden Wohlstands. Der eigentliche Kern seiner Vision von einer ganzheitlichen Wirtschafts- und Sozialordnung erfüllte sich jedoch nicht: seine Vorstellung, die Menschen könnten im zunehmenden Wohlstand zugleich eine Ermutigung sehen, die gewachsenen Chancen für mehr bürgerliche Freiheit zu nutzen – nicht nur als Konsumenten, sondern auch als Bürger. Erhard zeigte sich betroffen von der Tatsache, dass die Deutschen trotz immer größeren materiellen Wohlstands immer lauter nach dem Staat riefen.

Er gab dennoch nicht auf. Auf dem 7. Bundesparteitag der CDU 1957 in Hamburg lobte er die Leistungen der Sozialen Marktwirtschaft im zurückliegenden Jahrzehnt, forderte aber dazu auf, dem Motto »Wohlstand für alle« über »seine materielle Auslegung hinaus noch einen weiteren neuen und höheren Inhalt« zu geben: »Wir treten damit sozusagen in eine neue Phase der Sozialen Marktwirtschaft ein, in der Wohlstand dem Einzelnen mehr als nur Befreiung von materieller Not und soziale Sicherheit bringt, sondern ein neues Lebensgefühl wecken soll. Zu der materiellen Befreiung soll sich die geistige und seelische Befreiung des Menschen gesellen.«

Erhard lehnte erneut den Wohlfahrtsstaat sozialistischer Prägung und die allgemeine kollektivistische Staatsbürgerversorgung ab. Zum einen, weil diese anscheinend so wohlmeinende Bevormundung Abhängigkeiten schaffe, die letztlich nur Untertanen züchtet und die freie staatsbürgerliche Gesinnung abtötet. Zum anderen, weil diese Art von Preisgabe menschlicher Verantwortung mit der Lähmung des individuellen Leistungswillens zu einem Absinken der volkswirtschaftlichen Leistung im Ganzen führen müsse. »Und dann wären wir ja wieder einmal so weit, dass alle Schichten sich gleichermaßen betrogen fühlen und die volkswirtschaftliche Einkommensverteilung der Willkür machtpolitischer Interessenkämpfe preisgegeben ist.«

1962 unternahm Erhard erneut den Versuch, »die Schallmauer der kollektiven Meinungs- und Urteilsbildung« zu durchbrechen und unmittelbar an das Gewissen der Bürger zu appellieren. Er habe sich gewünscht, »dass das deutsche Volk aufbegehrt gegen diese Unterjochung durch das Kollektiv«.

Es sei nicht die augenblickliche Lage, die zur Sorge Anlass gebe. Er sei um die Zukunft besorgt, wenn alle Warnungen in den Wind geschlagen würden und auf dem eingeschlagenen Weg fortgeschritten werde. Die Diskussionen mit den Gewerkschaften hätten nur Gegensätze offenbart. Man müsse eine klare Sprache sprechen, die auch der Mann auf der Straße verstehe. Doch weder der Mann auf der Straße, noch die sozialpolitischen Organisationen, noch seine eigene Partei haben ihn damals verstanden. Seine eindrucksvolle Wiederwahl 1965 änderte daran wenig.

1967 trat Erhard als Kanzler zurück. Es muss für die damalige Politik wohl eine Überforderung gewesen sein, das zerstörte Land wieder aufzubauen, die ungeheuren Verluste an geistiger und moralischer Substanz aufzuarbeiten, die die Herrschaft der Unmenschlichkeit den Deutschen zugefügt hatte, und zugleich noch eine gültige neue Ordnung der Wirtschaft zu schaffen.

Das große Verdienst Ludwig Erhards war es, die Währungsreform mit der Einführung der Sozialen Marktwirtschaft zu verbinden. Dass er mit seinem späteren Versuch scheiterte, die wachsende Flut durch gesellschaftliche Teilinteressen gesteuerter Interventionen einzudämmen, war nicht seine Schuld. Die Entwicklung war in den Strukturen angelegt, die mit dem Wiederaufbau des Landes ihre Wirkung entfalteten. Ein Haushaltsdefizit – mit 2,6 Milliarden DM lächerlich gering – war der politische Anlass für das Ende seiner Regierung. Aber die »Haushaltskrise« war in Wirklichkeit Ausdruck einer wachsenden Spannung in der Sozialen Marktwirtschaft selbst. Der Verteilungsstaat begann, sich gegenüber der ökonomischen Realität zu verselbstständigen. Die Wünsche der Interessengruppen wurden als »soziale Eigengesetzlichkeiten«, wie Rüdiger Altmann formulierte, hingenommen. An die Stelle der Ordnung trat der politische Pragmatismus. Nicht Ordnungsdenken, sondern die Machtverhältnisse bestimmten die Wirtschafts- und Sozialpolitik der folgenden Jahre. Sie bestimmen sie noch heute.

In der Großen Koalition unter Kurt Georg Kiesinger, der Erhard als Kanzler folgte, wurden die ordnungspolitischen Weichen bereits neu gestellt. Karl Schiller setzte als Wirtschaftsminister auf Wirtschaftswachstum als politisches Ziel und Voraussetzung für erfolgreiches Regieren. Erhard, mit dem sich Schiller im Wahlkampf 1972 als »Hüter der Marktwirtschaft« präsentierte, verurteilte ein paar Jahre später Schillers Entscheidung als unvereinbar mit seinem ordnungspolitischen Konzept.

Nach seiner Wahl zum Bundeskanzler 1969 setzte Willy Brandt den expansiven Kurs mit seiner Forderung fort, nicht die Einnahmen des Staates müssten in Zukunft seine Haushalte bestimmen, sondern die notwendigen politischen Ausgaben. Schon während der Großen Koalition hatte die Regierung begonnen, einen vergleichsweise geringen konjunkturellen Abschwung mit bis dahin undenkbaren Konjunkturprogrammen zu bekämpfen. Das führte alsbald zu einer konjunkturellen Überhitzung. Sie bereitete den Boden für die berühmte Forderung des Vorsitzenden der damaligen Gewerkschaft des Öffentlichen Dienstes, Heinz Kluncker, nach einer elfprozentigen Lohn- und Gehaltserhöhung. Sie wurde von der Regierung Brandt schließlich gewährt.

1975 versuchte die CDU in ihrer »Mannheimer Erklärung« mit dem Konzept der Neuen Sozialen Frage die sozialen Aufgaben des Staates neu zu definieren. Der Konflikt zwischen Kapital und Arbeit sei nicht länger bestimmend für die politische Entwicklung. Aufgabe des sozialen Rechtsstaates sei es jetzt, sich als Anwalt derer zur Verfügung zu stellen, die ihre Interessen nicht organisieren können. Erhard bat meinen damaligen Hauptabteilungsleiter im Konrad-Adenauer-Haus, Meinhard Miegel, und mich in einem Gespräch um Erläuterung dieses Konzepts. Er lehnte es nicht ab, glaubte aber nicht an seine Verwirklichung. Wenn die Leute – und damit meinte er auch seine eigene Partei – das Wort »sozial« lesen, dächten sie an Umverteilung und mehr staatliche Leistungen.

So kam es dann auch. Das Konzept wurde später von meinem Nachfolger im Amt des CDU-Generalsekretärs, Heiner Geißler, zum Kampf gegen die neue Armut umgedeutet. Statt den Staat auf eine enger definierte Zuständigkeit zu begrenzen, begann jetzt erst seine eigentliche Entgrenzung.

In der Bundestagswahl 1976 war die Union mit ihrem Wahlkampf-Motto »Freiheit statt Sozialismus« ungewöhnlich erfolgreich. Mit 48,6 Prozent der Stimmen war es das beste Ergebnis, das die Union je als Oppositionspartei erzielte. Die politische Stimmung war für mehr Freiheit, die politische Wirklichkeit eher für mehr Staat. Jetzt wurden die Folgen der Tatsache sichtbar, dass es nicht gelungen war, die soziale Ordnung nach den gleichen Grundsätzen zu gestalten wie die Ordnung der Wirtschaft. Wenige Monate vor seinem Tod empfing Ludwig Erhard Meinhard Miegel und mich zu einem weiteren Gespräch. Er war müde und deprimiert. Sein Konzept der Sozialen Marktwirtschaft, so sein Resümee, sei gescheitert.

Tatsächlich entsprachen die Versprechen einer umfassenden staatlichen Sozialpolitik durchaus der Grundhaltung der Bevölkerung. Mit Freiheit und Eigenverantwortung hatte man im Bereich der Sozialpolitik keinerlei Erfahrung. Man war daher trotz der Erfahrung mit der NS-Diktatur bereit, Vater Staat mehr zu trauen als der Sozialen Marktwirtschaft – obgleich diese die Leistungskraft der Bevölkerung entfaltet, die Wettbewerbsfähigkeit der deutschen Wirtschaft auf fast wundersame Weise gestärkt, die deutsche Währung zu einer der stabilsten der Welt gemacht und Deutschland Ansehen und Einfluss gebracht hatte.

War sie aber, so fragte man sich, mit ihren Prinzipien Leistung, Wettbewerb und Verantwortung in Freiheit in der Lage, den Versprechen staatlicher Sozialpolitik Vergleichbares entgegenzusetzen? Die Sozialpolitiker beider Volksparteien bestärkten die Bevölkerung eher in ihren Zweifeln. Sie priesen die neue gesetzliche Rente und versicherten, sie werde sich in den kommenden hundert Jahren ebenso bewähren wie in den zurückliegenden Jahrzehnten. Erhard warnte noch davor, die Rente an die Lohnentwicklung zu binden. Er empfahl stattdessen, die Dynamik in der Entwicklung der gesamtwirtschaftlichen Produktivität zu sehen. Die bereits gemachten Versprechen waren jedoch stärker, obwohl es mit einer dynamischen Rente bis dahin keine Erfahrungen gab, mit denen man diese Versprechungen hätte begründen können.

So bildeten sich in der Wirtschafts- und Sozialordnung zwei konträre Strukturen, die sich zu Besitzständen verfestigten. Zum einen die durch Freiheit und Verantwortung gebundene Wettbewerbsordnung. Sie leitet ihren Geltungsgrund aus der Würde des Menschen und der Freiheit der Bürger ab und bekämpft die Entstehung wirtschaftlicher Macht. Zum zweiten die durch den Staat geschaffene und auf seinem politischen Willen gründende Sozialordnung. Sie verpflichtet den Bürger zu seinem Wohl und seiner Sicherheit per Gesetz zur Mitgliedschaft in kollektiven Großorganisationen – als anspruchsberechtigter Leistungsempfänger, aber ohne Einfluss auf die Organisation, der er angehört, und auf die Leistungen, die ihm gewährt werden.

Die Sozialbeiträge, die er leistet, hießen schon in der Weimarer Republik die »Steuern des kleinen Mannes«. Bereits im 19. Jahrhundert beobachtete Alexis de Tocqueville, dass die väterliche Gewalt des Staates nicht die Vorbereitung des Menschen auf das Mannesalter zum Ziel habe, sondern im Gegenteil die Menschen unwiderruflich in der Kindheit festzuhalten suche.

Die Entwicklungen, die hier nachgezeichnet wurden, sind

als zeitbedingte Antworten im Rahmen der damaligen Möglichkeiten zu sehen. Sie begründen jedoch auch die Herausforderung, es besser zu machen als in den 1950er Jahren. Eine ordnungspolitische Erneuerung ist dringend geboten. Sie ist auch möglich. Mit Hilfe der bisher gesammelten Erfahrungen und der Energien, die durch eine neue Sicht der Dinge freigesetzt werden, sollte es gelingen, die entstandene Un-Ordnung zu überwinden und Ordnungsvorstellungen wirksam werden zu lassen, die sich aus der Ganzheit der menschlichen Gesellschaft und ihrer Umwelt ableiten und der Würde des Menschen gerecht werden.

Fünftes Kapitel

Sozialstaatsprinzip und Sozialmacht

> »Es gibt keine Leistungen des Staates,
> die sich nicht auf Verzichte des Volkes gründen.«
> *Ludwig Erhard*

I

Wachsende Staatsschulden

Den Haushalt eines Landes nennt man gemeinhin sein Schicksalsbuch. Unser Parlament, der Bundestag, hat am 26. November 2010 den Haushalt für das Jahr 2011 beschlossen. Nimmt man den Vergleich mit dem Schicksalsbuch ernst, dann ist es um das Schicksal Deutschlands schlecht bestellt. Was steht uns ins Haus? Im Jahre 2011 will der Bund 305,8 Milliarden Euro ausgeben. Seine Einnahmen hat er mit 257 Milliarden Euro veranschlagt. Zur Finanzierung des Restes muss die Regierung einen Kredit in Höhe von 48,8 Milliarden Euro aufnehmen. Den finanziert sie durch den Verkauf von Staatspapieren. Dafür ist sie auf die Finanzmärkte angewiesen. Die halten den Bund zu Recht für einen erstklassigen Schuldner. Sie werden ihm den Kredit gewähren – im Gegensatz zu den in Not geratenen Südstaaten der Europäischen Union noch immer zu günstigen Zinsen, wenn auch nicht mehr zu so günstigen wie noch vor zwei Jahren.

Seine Einnahmen verdankt der Bund den Steuerzahlern. Die

wiederum können Steuern zahlen, weil sie als Bürger ein steuerpflichtiges Einkommen und die Unternehmen steuerpflichtige Gewinne erzielt haben. Allerdings tragen die Bürger nicht alle die gleiche Last. Denn im Unterschied zu den Beiträgen, die von rund vierzig Millionen sozialversicherten Arbeitnehmern gezahlt werden, richtet sich die Steuerlast der übrigen Bevölkerung nach ihrer Leistungsfähigkeit. Was das in der Praxis bedeutet, können wir erkennen, wenn wir sie, ihren Einkommen entsprechend, in Gruppen von je 10 Prozent einteilen. Die Steuerlast verteilt sich dann wie folgt (Stand 2008): Die oberen 10 Prozent zahlen 53,1 Prozent der Einkommensteuern, die nächsten 10 Prozent 15,7 Prozent, die dritte Gruppe 10,4 Prozent, die vierte 7,6 Prozent und die fünfte 5,6 Prozent. Die verbliebenen fünf Gruppen entrichten zusammen 7,5 Prozent der Einkommensteuer. Man mag diese Verteilung noch immer zu Lasten der gering verdienenden 50 Prozent als ungerecht empfinden. Viel Verständnis dürfte man dafür allerdings bei den anderen 50 Prozent kaum erwarten.

Was uns Sorgen bereitet, ist weniger die Einnahmenseite des Haushaltes als seine Ausgabenseite. Sie ist auf bedenkliche Weise zugunsten der sozialen Ausgaben kopflastig. Für den Gesamtbereich Soziales sind rund 160 Milliarden Euro vorgesehen: 115 Milliarden für die Sozialversicherung, 33,9 Milliarden für den Arbeitsmarkt – davon 33,6 Milliarden für die Arbeitslosenhilfe – und 6,6 Milliarden für die Familien. Rechnet man dazu die rund 37 Milliarden Euro Zinsen, die der Bund für seine bisherigen Schulden bezahlt, dann zeigt sich: Beides zusammen beansprucht knapp 200 Milliarden Euro oder rund 78 Prozent der Einnahmen des Bundes.

Zieht man vom verbliebenen Teil der Einnahmen die allgemeinen Kosten des Bundes (vor allem Verwaltung, Bundeswehr und innere Sicherheit) in Höhe von rund 55 Milliarden Euro ab, dann verbleiben dem Bund aus seinen Einnahmen zwischen

7 und 10 Milliarden Euro. Die reichen nicht einmal aus, um seine Aufgaben im Bereich von Bildung und Forschung zu finanzieren. Seine weiteren Aufgaben, insbesondere alle Zukunftsinvestitionen, muss der Bund mit Krediten finanzieren. Zukunftssicherung auf Pump! Wer vor diesem Hintergrund von einer Politik für die Zukunft spricht, verhöhnt unsere Enkel. Denn ein Staat, der seine Zukunft mit Krediten finanzieren muss, hat keine Zukunft.

Dass nicht alles noch viel schlimmer gekommen ist, verdanken wir ausschließlich der Leistungsfähigkeit unserer Wirtschaft. Sie konnte sich in der Freiheit der Marktwirtschaft und ihrer Wettbewerbsordnung entfalten. Sie konnte ihre Kräfte und Fähigkeiten freisetzen, ihre Produkte durch Innovationen verbessern und voller Mut und Selbstvertrauen weltweit neue Märkte erschließen. Nicht umsonst schaut man deshalb, wie der Bundesfinanzminister im Januar 2011 feststellte, in ganz Europa mit Staunen auf die wiedererstarkte deutsche Wirtschaft.

Dazu hat sicher auch die Bundesregierung mit ihrer wachstumsfreundlichen Konsolidierungspolitik beigetragen. Vor allem aber verdanken wir den Erfolg unserer Wirtschaft ihrer Ordnung, der Sozialen Marktwirtschaft. Wenn es noch eines Beweises für deren segensreiche Wirkungen bedurft hätte, dann ist es der Beitrag der Wirtschaft zur Konsolidierung des Haushalts. Denn die Verringerung der Neuverschuldung von rund 80 Milliarden Euro im Jahre 2010 auf knapp 49 Milliarden Euro im Haushalt 2011 ist fast ausschließlich auf die Erfolge der Wirtschaft, ihren Beitrag zu mehr Beschäftigung und ihre gewachsene Steuerkraft zurückzuführen. Würden wir vor diesem Hintergrund dem Ausland erzählen, dass die Deutschen, dessen ungeachtet, die Soziale Marktwirtschaft noch immer mehrheitlich eher für ungerecht halten, dann würde dies wohl auf breites Unverständnis stoßen. Warum die Deutschen eine skeptische Einstellung zur ihrer Wirtschaftsordnung haben, wird uns noch beschäftigen.

Zuvor noch ein Wort zu den Risiken, die im Schicksalsbuch unseres Landes vorgezeichnet sind, wenn es um die weitere Konsolidierung des Haushalts geht. Zwei verdienen besondere Aufmerksamkeit.

Das eine Risiko liegt in der Gesamtverschuldung begründet, insbesondere in ihren Kosten. Die Gesamtverschuldung Deutschlands beträgt derzeit 1720 Milliarden Euro – oder eine Billion 720 Milliarden. Nach der Schuldenuhr des Bundes der Steuerzahler vermehrt sie sich stündlich um 932 400 Euro. Im Laufe von 44 Tagen wächst sie um 1 Milliarde Euro. Wie viel das ist, können wir uns nicht mehr vorstellen. Helfen kann man sich mit einem konkreten Beispiel: Ein Mann sagt seiner Frau, sie dürfe jeden Tag 10 000 Euro ausgeben. Wenn ihre Ausgaben eine Milliarde erreicht hätten, solle sie wiederkommen. Wann kommt sie wieder? Nach 274 Jahren! Unser Land braucht dafür ganze 44 Tage.

An dieser Gesamtverschuldung haben die Schulden des Bundes einen Anteil von rund 1080 Milliarden Euro. Das Risiko dieser Verschuldung liegt in der Entwicklung der Zinsen, die Deutschland anbieten muss, um seine Staatspapiere auf den Kapitalmärkten erfolgreich platzieren zu können. Sie sind in den letzten Jahren, wenn auch noch geringfügig, gestiegen. Steigen sie weiter, dann steigen auch die entsprechenden Aufwendungen in den öffentlichen Haushalten. Je höher die Verschuldung, desto größer das Risiko, dass die Zinslast einen immer größeren Anteil des Haushalts in Anspruch nimmt und damit weniger für die staatliche Zukunftssicherung übrig bleibt.

Ein weiteres Risiko liegt darin, dass wir nicht wissen, wie nachhaltig unsere Wirtschaft in Zukunft wächst und wie groß ihr Beitrag zur Konsolidierung der staatlichen Haushalte sein wird. Manches spricht dafür, dass Wachstumsraten wie im Jahre

2010 eher die Ausnahme bleiben werden. Fragt man die Bevölkerung nach ihrer persönlichen Bereitschaft, sich für nachhaltiges Wirtschaftswachstum ins Zeug zu legen, fallen die Antworten nicht besonders ermutigend aus. Zum einen schwinden mit zunehmendem Wohlstand der Bevölkerung die Möglichkeiten, auf ihre Bereitschaft zu höheren Leistungen politischen Einfluss zu nehmen. Im April 2007 unternahmen der Sozialwissenschaftler Meinhard Miegel und der Allensbacher Meinungsforscher Thomas Petersen den Versuch, dazu mehr zu erfahren. Es ging um die Frage, ob bestimmte materielle Ziele eher für die eigene Person oder eher für Deutschland wichtig seien. Ein steigendes Einkommen hielten 69 Prozent der Befragten wichtig für Deutschland; nur 31 Prozent fanden es wichtig für sich selbst. Eine gute Ausbildung hielten 75 Prozent für Deutschland, aber nur 41 Prozent für sich selbst für wichtig. Bezieht man den Umstand ein, dass die Deutschen immer älter werden, dann kann man nicht selbstverständlich mit einer ständig wachsenden Bereitschaft rechnen, mehr zu leisten. Durch öffentliche Förderung des Wachstums kann man dieses Defizit an Leistungsbereitschaft nicht ausgleichen. Das ginge nur mit weiterer Neuverschuldung. Die wird jedoch durch die von Bundestag und Bundesrat 2009 verabschiedete Schuldenbremse verhindert.

II

Ursachenforschung

Wie ist es möglich, dass der Haushalt unseres Landes in eine derartige Schieflage geraten konnte? Dass wir rund 75 Prozent des Etats der Vergangenheit und Gegenwart widmen, für Zinsen und Sozialleistungen? Dass wir die Bewältigung der eigentlichen staatlichen Aufgaben mit Krediten finanzieren müssen? Dass wir eklatant gegen Grundsätze der Gerechtigkeit zwischen den Generationen verstoßen, ohne Rücksicht auf Solidarität und Moral? Dass wir nicht gegen die Deformation unseres Denkens rebellieren, die uns vom Schicksalsbuch unseres Landes bescheinigt wird – und dies nicht erst seit heute, sondern schon seit vielen Jahren? Wie ist es möglich, dass unsere Bevölkerung mehrheitlich von Vater Staat immer neue soziale Leistungen erwartet und – ebenso mehrheitlich – diejenigen an der Wahlurne bestraft, die diesen Irrsinn behutsam begrenzen wollen?

Ob es uns gefällt oder nicht: Adressat dieser Fragen kann nur der Sozialstaat sein. Er hat sich in den letzten vierzig Jahren zur dominierenden Macht im Staate entwickelt. Seine Verbündeten sind zahlreich: »Soziale« Besitzstände, Gewerkschaften, politische Organisationen, wichtige Teile der Medien, gutmeinende vormundschaftliche Institutionen, die von Vater Staat und seiner Vormundschaft durchdrungenen Ressorts im Bund und in den Ländern, nicht zu vergessen die ebenso wohlmeinenden und um Gerechtigkeit besorgten Kirchen. Sie alle tragen zur Tabuisierung der eigentlichen Probleme des Landes und der Gefahren bei, die aus unserer Unfähigkeit erwachsen, endlich die heutigen und künftigen Wirklichkeiten anzunehmen, sie positiv zu sehen: als Aufforderung zur Erneuerung und zum Streit über Wege zu einem neuen Denken.

Erhard hätte diese Entwicklung nicht sonderlich überrascht. Er wurde schon in den 1950er und Anfang der 1960er Jahre nicht müde, vor der Entwicklung des Sozialstaats zu einer sozialen Macht zu warnen, die in der Lage wäre, unsere Zukunftsfähigkeit zu bedrohen. Lassen wir ihn selbst zu Wort kommen:

Ich habe, schreibt er in seinem Buch »Wohlstand für Alle«, zum wiederholten Male betont, dass ich die persönliche Freiheit für unteilbar halte. Wenn wir überhaupt eine

tig? In unserer Verfassung ist vom Sozialstaat nicht die Rede. Das heißt, die Verfassung benennt ihn nicht als Institution wie den Bundestag oder Bundesrat, die Regierung oder das Verfassungsgericht. Das Grundgesetz spricht vielmehr von einem »demokratischen und sozialen Bundesstaat«. Aus der sozialen Bindung des Staates leitet sich das Grundrecht aller Bürger des Landes auf Gewährleistung eines menschenwürdigen Existenzminimums ab. Dieses Grundrecht ergibt sich, wie das Bundesverfassungsgericht im Februar 2010 entschieden hat, aus Art. 1 Abs. 1 in Verbindung mit Art. 20 Abs. 1 GG. Das Gericht konnte sich dabei auf eine lange Reihe früherer Entscheidungen stützen.

Art. 1 Abs. 1 GG erklärt die Würde des Menschen für unantastbar. Aus ihr leitet sich auch der Anspruch ab, der sich aus dem Grundrecht auf eine menschenwürdige Existenz ergibt. Das Sozialstaatsgebot des Art. 20 Abs. 1 GG wiederum erteilt dem Gesetzgeber den Auftrag, jedem ein menschenwürdiges Existenzminimum zu sichern. Dabei steht dem Staat ein Gestaltungsspielraum zu. Dieses Grundrecht aus Art. 1 Abs. 1 – so das Gericht – hat in Verbindung mit dem sozialstaatlichen Gebot eine eigenständige Bedeutung. Es reicht über die Gewährleistung des absolut wirkenden Anspruchs auf Achtung der Würde jedes Einzelnen hinaus. Dem Grunde nach ist der Anspruch auf eine menschenwürdige Existenz unverfügbar. Er muss eingelöst werden. Der Gesetzgeber muss ihn konkretisieren und stets aktualisieren. Er muss die Leistungen am jeweiligen Stand der Entwicklung des Gemeinwesens und an den bestehenden Lebensbedingungen ausrichten.

Das heißt, der soziale Rechtsstaat muss die Menschenwürde nicht nur vor äußeren Beeinträchtigungen schützen. Zu ihrem Schutz ist er auch dann verpflichtet, wenn einem Menschen die Mittel für ein menschenwürdiges Dasein fehlen, »weil er sie weder aus seiner Erwerbstätigkeit noch aus seinem Vermögen, noch durch die Zuwendung Dritter erhalten kann«. In diesem Falle ist der Staat verpflichtet, dafür Sorge zu tragen, »dass die materiellen Voraussetzungen dafür dem Hilfsbedürftigen zur Verfügung stehen«. Dem wiederum gewährt die Verfassung mit dem Grundrecht auf Schutz der Menschenwürde einen Anspruch auf die staatliche Hilfe, wenn seine Würde in solchen Notlagen nur durch materielle Unterstützung gewahrt werden kann. Der Anspruch erstreckt sich nur auf diejenigen Mittel, »die zur Aufrechterhaltung eines menschenwürdigen Daseins unbedingt erforderlich sind. Er gewährleistet das gesamte Existenzminimum durch eine einheitliche grundrechtliche Garantie, die sowohl die physische Existenz des Menschen, also Nahrung, Kleidung, Hausrat, Unterkunft, Heizung, Hygiene und Gesundheit, als auch die Sicherung der Möglichkeit zur Pflege zwischenmenschlicher Beziehungen und zu einem Mindestmaß an Teilnahme am gesellschaftlichen, kulturellen und politischen Leben umfasst, denn der Mensch als Person existiert notwendig in sozialen Bezügen.«

Die Entscheidung des Bundesverfassungsgerichts, mit der es die soziale Verpflichtung des Staates näher bestimmt, enthält zwei wesentliche Grundsätze: zum einen hat der Einzelne nur dann Anspruch auf die Hilfe der staatlichen Gemeinschaft, wenn ihm die Mittel für ein menschenwürdiges Dasein fehlen. Zum zweiten hat das Gericht zum Umfang dieses Hilfsanspruches festgestellt, dass er sich nur auf diejenigen Mittel erstreckt, die zur Aufrechterhaltung eines menschenwürdigen Daseins unbedingt erforderlich sind. Mit anderen Worten: Die soziale Verpflichtung des Staates, Menschen in Not zu helfen, gestaltet sich nach dem Subsidiaritätsprinzip. Vorschläge aus den 1950er Jahren, die die Neugestaltung der Sozialordnung in Deutschland zum Gegenstand hatten, waren von dem gleichen Gedanken geprägt. Sie konkurrierten mit den sozialpolitischen Vorstellungen der CDU, die Teil der Düsseldorfer Leitsätze von 1949 waren. In diesen Leitsätzen bekannte sich die CDU zu einer gesellschaftlichen Neubesinnung auf der Grundlage »sozialer Gerechtigkeit, gemeinschaftsverpflichtender Freiheit und echter Menschenwürde«.

Ihre Vorstellung von der Neuordnung des sozialen Systems war »eine umfassende Sozialpolitik für alle wirtschaftlich und sozial abhängigen Volksschichten«. Mit einer derartigen »fortschrittlichen Sozialpolitik« wollte man »der inneren Befriedung unseres Volkes dienen, das Vertrauen der breiten Schichten in die neue demokratische Ordnung stärken und den Willen zur Mitarbeit am Wiederaufbau unseres Staats- und Volkswesens fördern«. Zum Schluss stellten die Leitsätze mit besonderem Nachdruck fest, »dass die Grundlage einer gesunden Ordnung eine erfolgreiche Wirtschaftspolitik ist. Die beste Sozialpolitik nützt nichts, wenn sich nicht Wirtschafts- und Sozialordnung wechselseitig ergänzen und fördern.«

Bei dieser wechselseitigen Förderung und Ergänzung ging es allerdings weniger um eine ganzheitliche Betrachtung der Wirtschafts- und Sozialordnung. Gemeint war vielmehr, dass die Ansprüche einer umfassenden Sozialpolitik an die Wertschöpfung des Landes durch die Leistungsfähigkeit der Wirtschaft begrenzt werden sollten. Diese Konzeption hatte jedoch keine Zukunft. Denn es ist nicht länger die Leistungsfähigkeit der Wirtschaft, die der Expansion des Sozialstaates Grenzen setzt, sondern der Staatshaushalt.

Mit der Ausweitung der Märkte haben sich auch die Freiräume der Wirtschaft erweitert. Was sich hingegen nicht länger erweitern lässt, ist die finanzielle Basis des Sozialstaats, also des Staatshaushalts selbst. Zum einen stößt jeder weitere Expansionsversuch an die Mauer der verfassungsrechtlich gesicherten Schuldenbremse. Keine deutsche Regierung könnte es sich leisten, diese Mauer einzureißen. Sie würde damit die Bonität Deutschlands auf den Finanzmärkten gefährden. Auf deren fortdauernde Bereitschaft zur Kooperation, und sei es nur bei der Refinanzierung der vorhandenen Schulden, wird die Bundesrepublik aber noch auf lange Zeit angewiesen sein.

Zum anderen sind auch die Zeiten, in denen die Expansion des Sozialstaats durch nachhaltiges Wirtschaftswachstum ermöglicht wurde, vorbei. Einmal sind auch hier Grenzen sichtbar geworden, die man noch vor wenigen Jahren nicht sah oder nicht sehen wollte, die sich aber nicht länger ignorieren lassen. Soweit Wachstum als Folge gestiegener Produktivität der Wirtschaft und intelligenterer Gestaltung unseres Gemeinwesens »gewonnen« wird, dürfte es kaum einer weiteren Expansion des Sozialstaats zur Verfügung stehen. Es wird für die vielen staatlichen Aufgaben Verwendung finden, die in den laufenden Haushalten durch sozialpolitische Forderungen verdrängt wurden; durch einen Sozialstaat, den die meisten immer noch für mächtig halten. Genötigt durch unüberwindliche Begrenzungen wird er lernen müssen, sich in eher schrumpfenden Möglichkeiten sozialer Vormundschaft einzurichten. Dabei wird eines deutlich werden: Das Sozialsystem ist in der Lage, sich zu begrenzen, ohne dass es zu sozialen Unruhen und Aufständen kommt. Damit wird jedoch das Argument hinfällig, mit dem bisher die Unverzichtbarkeit dauerhaften Wachstums am wirksamsten begründet wurde.

Graf Lambsdorff könnte auf die Forderung nach bescheideneren Wachstumsvorgaben nicht mehr, wie 1979, antworten, er wisse nicht, ob bei geringerem Wirtschaftswachstum der soziale Frieden gewahrt werden könnte. Seit nunmehr dreißig Jahren konnte die Drohung mit sozialen Unruhen ihre dominierende politische Wirkung entfalten. Denn nach herrschender Auffassung gab es zum Sozialstaat keine denkbare Alternative. Die staatliche Förderung des Wachstums bezog daraus ihre Berechtigung. Wäre man Erhards Forderung nach einer ganzheitlichen Gestaltung der Wirtschafts- und Sozialordnung gefolgt, hätte die Sozialordnung nie zum wichtigsten Wachstumstreiber und zur eigentlichen Ursache einer fast unkontrollierten Staatsverschuldung werden können.

IV

Die freiheitliche Alternative

Es ist die angebliche Alternativlosigkeit einer bestimmten politischen Antwort auf eine bedeutende Frage, die die nachhaltigsten politischen Fehlentwicklungen hervorruft. Im Falle der Sozialen Ordnung wurde sie zugunsten der bestehenden Sozialsysteme aus Gründen des Machterhaltes behauptet. Norbert Blüm war unter allen Verfechtern der Alternativlosigkeit der unbestritten Begabteste. Er besaß die Fähigkeit, seine zweifellos hochentwickelte Bildsprache mit einer ebenso hohen demagogischen Begabung auf eine Weise zu verbinden, die seine Zuhörer begeisterte und in der Überzeugung entließ, »der Norbert« würde es schon richten. Von weiterem Nachdenken waren sie dadurch befreit.

Diesen Schutz hat der Sozialstaat inzwischen verloren. Die politische Beschäftigung mit seiner freiheitlichen Alternative kann er nicht mehr verhindern. Tatsächlich hatte es bereits in der entscheidenden Stunde, im Jahre 1957, eine Alternative zum Konzept des vormundschaftlichen Sozialstaats gegeben. Sie wurde 1955 in der Rothenfelser Denkschrift zur Neuordnung der sozialen Leistungen entwickelt. Ihre Verfasser waren vier Professoren, unter ihnen Joseph Höffner, der spätere Kölner Kardinal. Adenauer hatte sie um die Klärung der Frage gebeten, welche sozialen Verpflichtungen sich für den Staat aus der neuen Verfassungsordnung ergäben.

Es lohnt sich, vor allem die Prinzipien in den Blick zu nehmen, von denen sich die Verfasser bei ihren Vorschlägen zur Reform der sozialen Sicherung leiten ließen. Ausgangspunkt ihrer Überlegungen waren die Grundsätze der Solidarität und der Subsidiarität. Im Prinzip der Solidarität sahen sie die wechselseitige Verbundenheit und Verantwortlichkeit der Menschen, ausgedrückt in ihrer Bereitschaft, füreinander einzustehen. Diese im gesellschaftlichen Leben bestimmende Verbundenheit und Verantwortlichkeit wiederum wird, nach ihrer Überzeugung, durch das Verhältnis des Einzelnen zu den kleinen Lebenskreisen geordnet, in denen er sich bewegt, und durch deren Verhältnisse untereinander. Der Grundsatz der Subsidiarität regle diese Beziehungen.

Grundsätzlich gilt danach: Was der Einzelne aus eigener Kraft und Verantwortung zu leisten vermag, soll die nächsthöhere Gemeinschaft nicht an sich ziehen. Ebenso soll sie keine Aufgaben übernehmen, die von den kleineren Lebenskreisen gemeistert werden können. Seine Begründung findet dieses Prinzip zum einen in der Freiheit und Würde des Menschen. Er darf von der Gesellschaft nicht entmündigt werden. Sodann in der Struktur und Eigenart der kleinen Lebenskreise – allen voran der Familie. Ihnen stehen eigene Rechte und Aufgaben zu, die sinnvollerweise von den größeren Sozialgebilden nicht erfüllt werden können. So bedeutet Subsidiarität Abgrenzung von unten nach oben: Die Selbstständigkeit der kleineren Lebenskreise und des Einzelnen wird vor Totalitätsansprüchen der übergeordneten Sozialgebilde geschützt. Wo immer die Kräfte des Einzelnen oder der kleineren Gemeinschaft ausreichen, dürfen die umfassenderen Sozialgebilde, vor allem der Staat, diese Eigenständigkeit weder aufheben noch einschränken.

Andererseits bedeutet Subsidiarität auch Hilfe von oben nach unten. Das Eingreifen der größeren Sozialgebilde zugunsten des Einzelnen und seiner kleinen Lebenskreise kann geboten sein – sei es, dass es sich um Gemeinschaftsaufgaben handelt, die nur in der größeren Gemeinschaft gemeistert werden können; sei es, dass das umfassendere Sozialgebilde ergänzend und vorübergehend Hilfe leisten muss.

Zur sozialen Aufgabe des Staates stellen die Verfasser der Rothenfelser Denkschrift fest:

1. Der Staat dient der sozialen Sicherung dadurch am meisten, dass er die persönliche Verantwortung seiner Bürger, das Sorgen und Vorsorgen der Familie und der anderen kleinen Lebenskreise stärkt. Sofern gewisse Notstände durch die verschiedenen Formen der Selbsthilfe nicht behoben werden können, wird die staatliche Sozialhilfe ihre vordringlichste Aufgabe in der Hilfe zur Selbsthilfe sehen müssen. Hilfe zur Selbsthilfe bedeutet soziale Investition, nicht soziale Redistribution.

2. Soweit die Eigensicherung nicht ausreicht und durch die »soziale Sicherung« ergänzt oder ersetzt werden muss, entspricht es den Prinzipien der Solidarität und Subsidiarität, dass der Staat nach Mitteln und Wegen sucht, jene Bevölkerungsschichten gegen die Risiken der »basic needs« zu sichern.

3. Gerade bei den Maßnahmen der staatlichen Sozialpolitik ist »freilich darauf zu achten, dass Freiheit und Würde des Menschen nicht gefährdet werden«.

Die Abfolge der drei Vorgehensweisen habe sich, so die Autoren, wiederum nach dem Subsidiaritätsprinzip zu vollziehen. Danach solle der zweite Weg erst beschritten werden, wenn der erste sich als ungangbar erwiesen habe. Der zweite Weg wiederum sollte vor der dritten Regelung den Vorzug haben. Die genaue Beschreibung der Stellung, die dem Staat aufgrund der Prinzipien der Solidarität und Subsidiarität im Bereich der sozialen Sicherung zukommt, halten die Autoren der Denkschrift für besonders wichtig. Denn in diesem Zusammenhang herrschten »irrige und in ihren Auswirkungen verderbliche Auffassungen«. Sie dachten dabei in erster Linie an die totale Versorgung durch »die Gesellschaft«, wie sie in kommunistischen Staaten anzutreffen sei. Christlich-abendländisches Denken weise derartige Formen als utopisch zurück. Allerdings, so fahren die Autoren fort, dürfe man nicht verkennen, »dass auch in der westlichen Welt die Bereitschaft festzustellen ist, die soziale Sicherung – unter Ausschluss der Selbsthilfe und der Leistungskraft der kleineren Lebenskreise – unmittelbar dem Staat, der damit zum Versorgungsstaat wird, zu übertragen«.

Mehrere Ursachen begünstigten eine derartige Entwicklung. Zum einen die Vorstellung, nur der Staat vermöge auf verlässliche und krisensichere Weise die soziale Sicherheit zu gewähren. Des Weiteren hätten sich die zur Durchführung der sozialen Sicherung geschaffenen Organisationen vielfach »kraft der Beharrungstendenz des Institutionellen zu gesellschaftlichen Machtgebilden verfestigt« und damit das Streben nach sozialer Sicherheit begünstigt, das unter breiten Schichten der westlichen Welt um sich greife. Der damit verbundenen »Lähmung der Eigenverantwortung« entspreche auf staatlicher Seite »die Überbetonung des Versorgungsprinzips, kraft dessen der Staat aus Steuermitteln allen seinen Bürgern die soziale Sicherheit gewähren müsse«.

Einem derartigen Bestreben gegenüber müsse festgestellt werden, »dass der Plan, alle Menschen ohne Ausnahme, auch jene, die sich selbst helfen können, zwangsweise in eine staatlich angeordnete soziale Sicherheit einzubringen, mit dem Subsidiaritätsprinzip unvereinbar ist«. Ein solches System gefährde auch den Staat, denn es verleite dazu, diesem lediglich mit Forderungen gegenüberzutreten. Die im Solidaritätsprinzip verankerte wechselseitige Bindung und Rückbindung zwischen dem Einzelnen und dem Staat werde dadurch gestört. Die Frage müsse deshalb gestellt werden, so die Verfasser der Denkschrift, ob die Verschiebung der Verfügungsgewalt und der Verantwortung nicht so weit getrieben werde, dass der Bereich der persönlichen Freiheit und Strebsamkeit, der Raum der Verantwortung von Individuen und Familien, von Gruppen und Ständen unerträglich eingeschränkt werde.

Wie wir bereits gesehen haben, unterscheiden sich die beiden Konzepte zur Verwirklichung des sozialen Auftrags des Staates im Sinne unserer Verfassung grundsätzlich. Der Anspruch einer umfassenden Sozialpolitik, aber auch die durch sie begründeten – und häufig erst geweckten – Ansprüche der Bevölkerung sind prinzipiell unbegrenzt. Der Vorschlag der Rothenfelser Denkschrift beschränkt dagegen mit dem Subsidiaritätsprinzip die sozialpolitische Verantwortung des Staates auf die Gewährleistung der – wie die Verfasser es nennen – »basic needs«, das heißt auf eine Grundsicherung, wie wir sie heute nennen. Damit liefert er zugleich ein Kriterium der Begrenzung. Wir finden diese Grundsicherung unter anderem im Rentenrecht und bei den Arbeitsuchenden. Das Bundesverfassungsgericht hat sie in der bereits erwähnten Entscheidung ihrem Umfang nach definiert.

Das Konzept, die Verantwortung in der sozialen Ordnung nach dem Subsidiaritätsprinzip zu gliedern und institutionelle Machtkonzentrationen zu vermeiden, entsprach durchaus dem Gedankengut der Union. Gleichwohl wurde es im Zuge der Neuordnung der sozialen Systeme nicht weiter verfolgt. Kraft ihres Beharrungsvermögens hatten sich die Institutionen der sozialen Sicherung Mitte der 1950er Jahre bereits zu Machtgebilden verfestigt. Sie standen bereit, eine umfassende Sozialpolitik für alle wirtschaftlich und sozial Abhängigen zu verwirklichen. Praktisch bedeutete dies: für die große Mehrheit des Volkes mit dem Ziel, das Vertrauen der breiten Schichten in die demokratische Ordnung zu stärken.

So kam es, dass die Konkurrenz zwischen der Sozialen Marktwirtschaft und einer umfassenden Sozialpolitik den ordnungspolitischen Neubeginn der Republik definierte. Für die Entscheidung zur Sozialen Marktwirtschaft und ihre Umsetzung war letztlich Ludwig Erhard verantwortlich. Das Bekenntnis der Union zu einer umfassenden Sozialpolitik war vor allem das Verdienst ihrer Sozialausschüsse. Sie hatten die Tradition des Zentrums und der katholischen Soziallehre übernommen. Deren politisches Denken hatte vor allem im Ruhrgebiet praktische Gestalt angenommen. Das Revier war damals, weit mehr als andere Regionen Deutschlands, von vormundschaftlichen Strukturen geprägt. Die Betreuung seiner Arbeiter durch die Unternehmen »von der Wiege bis zum Grabe« war im wörtlichen Sinne dieser Losung gängige Praxis.

Vormundschaften dieser Art wurden nicht als Beschränkung empfunden. Sie galten der Obhut der »kleinen Leute«, die Schwierigkeiten hatten, sich in der industriellen Welt und ihrer Anonymität zurechtzufinden, und die tief in ihrem Glauben verwurzelt waren. Die Rolle der Kinder Gottes und die Obhut des säkularen »Vaters« in Gestalt des Unternehmens und seiner Führung vermengten sich zu einer Einstellung, die nicht nach Freiheit, sondern nach Sicherheit verlangte. Die Zentrumspartei brachte diese Erfahrungen in die Reform der sozialen Systeme nach der Katastrophe der Naziherrschaft ein. Es gelang nicht, sich später aus ihnen zu lösen. Man fühlte sich an Rhein und Ruhr auch weiterhin den Ideen des christlichen Sozialismus verbunden.

V

Kollision sozialer Gerechtigkeiten

Worauf beruht nun nach alldem die Macht des Sozialstaates? Jedenfalls nicht auf einem besonderen Verfassungsauftrag. Soweit seine Leistungen über den vom Bundesverfassungsgericht begründeten Anspruch auf Sicherung einer menschenwürdigen Existenz hinausgehen, sind der Sozialstaat und seine Leistungen – wie alle anderen staatlichen Leistungen – Ergebnis des politischen Willens des Parlaments. Wie wir bei der gesetzlichen Krankenversicherung gesehen haben, ist das Parlament Herr der sozialen Systeme und ihrer planwirtschaftlichen Strukturen. Es beschließt über ihre Finanzierung durch Beiträge und Steuern. Es formt die Grundlagen des Sozialstaates nach seinem politischen Willen. Das Parlament legt den Umfang der sozialen Leistungen oberhalb der Grundsicherung fest. Der Inhalt dessen, was als »sozial gerecht« gelten soll, wird vom Parlament politisch entschieden. Objektive Kriterien, an denen es sich dabei orientieren könnte, gibt es nicht. Politische Entscheidungen dieser Art sind immer Ermessensentscheidungen. Solange sie nicht die Grenzen verfassungsrechtlich geschützter Freiheiten tangieren, sind sie verfassungsrechtlicher Überprüfung entzogen. Innerhalb dieses weiten Rahmens haben wir es bei der sozialen Gerechtigkeit mit einem »offenen Begriff« zu tun.

Begrenzungen können sich jedoch aus einem anderen Zusammenhang ergeben. Dies jedenfalls insoweit, als Leistungen der Sozialsysteme direkt oder indirekt durch den Haushalt finanziert werden. In diesem Rahmen konkurrieren die Aufwendungen für soziale Zwecke mit den Aufwendungen für alle anderen im Haushalt verankerten Ausgaben. Dieser »Wettbewerb« um Haushaltsmittel für soziale Zwecke hat eine begrenzende Wirkung. Vorausgesetzt, man akzeptiert, dass andere staatliche Aufgaben von gleicher Bedeutung für das Allgemeinwohl sind oder jedenfalls sein können wie die steuerfinanzierten Sozialausgaben.

Dieser Maßstab kann das parlamentarische Ermessen begrenzen, auch wenn es um soziale Gerechtigkeit geht. Das heißt aber: Wer Ausgaben zu Zwecken der sozialen Gerechtigkeit fordert, muss sich mit anderen Anforderungen auseinandersetzen, die eine ähnliche oder höhere Bedeutung geltend machen können. Zu ihnen gehören vor allem die staatlichen Leistungen, die der gerechten Lastenverteilung zwischen Gegenwart und Zukunft dienen. Die Rente mit 67 gehört in diesen Zusammenhang. Wer fordert, ihre gesetzliche Einführung zu widerrufen, streitet nicht für soziale Gerechtigkeit. Er streitet für den Schutz eines nicht mehr vertretbaren Besitzstandes – also das Gegenteil von sozialer Gerechtigkeit. Die Heerscharen von Vertretern dieser Art sozialer Gerechtigkeit werden umlernen müssen. Die Offenheit und damit letztlich Inhaltslosigkeit des Begriffes »soziale Gerechtigkeit« wird sich früher oder später gegen sie wenden. Die nachwachsende Generation wird in ihm eher eine Verbrämung eigener Interessen als ein wirkliches Gerechtigkeitsinteresse sehen.

Bereits hier wird deutlich, dass sich in unserem Lande als Folge seines hohen Wohlstands inzwischen eine große Zahl »sozialer Gerechtigkeiten« entwickelt hat. Sie konkurrieren miteinander um öffentliche Aufmerksamkeit. Auf sie können in der Regel vor allem diejenigen rechnen, die nicht nur das Mitleid, sondern auch das schlechte Gewissen derer aktivieren können, die die jeweilige soziale Gerechtigkeit mit ihren Steuern und Beiträgen bezahlen sollen. Aber das Bewusstsein dafür, dass es inzwischen auch im Herrschaftsbereich der sozialen Gerechtigkeit einen politisch relevanten Zusammenhang zwischen Geben und Nehmen gibt, ist gewachsen. Die arbeitende Bevölkerung nutzt die Transparenz des Internets, um ihre Nettoeinkommen mit denen von Empfängern sozialer Transfers zu vergleichen. Bürger, die Steuern und Beiträge zahlen, beobachten die Durchlässigkeit zum Reich der Schattenökonomie, die sich viele Transferempfänger zunutze machen. Beide haben Grund, das, was sie sehen, als sozial ungerecht zu empfinden. Mittelständische Unternehmen suchen händeringend nach Hilfspersonal und empfinden es als sozial ungerecht, wenn arbeitsfähige Empfänger von Transferleistungen ihnen nicht oder nur sporadisch zur Verfügung stehen. Organisierte Interessen stoßen sich daran, dass andere durch staatliche Leistungen privilegiert werden, und halten auch das für sozial ungerecht.

Ein instruktives Beispiel für die Widersprüchlichkeit sozialer Interventionspolitik lieferte zu Beginn des Jahres 2011 der Streit über die Anpassung der Regelsätze für Arbeitssuchende an die Vorgaben des Bundesverfassungsgerichts. Zwei Forderungen trafen aufeinander, die beide mit der Notwendigkeit begründet wurden, der sozialen Gerechtigkeit Genüge zu tun. Einmal ging es um die soziale Gerechtigkeit für Bezieher von Transferleistungen, zum anderen um den gesetzlichen Mindestlohn, der ebenfalls der sozialen Gerechtigkeit dienen soll.

Nehmen wir Folgendes an: Es kommt zu dem geforderten gesetzlichen Mindestlohn von 7,50 Euro pro Stunde. Die allein erziehende Mutter, Frau Schmidt, bezieht in Dresden, zusammen mit ihrem 12-jährigen Kind, eine Leistung nach Hartz IV. Ihr wird ein Arbeitsplatz zum Mindestlohn angeboten. Damit bieten sich ihr zwei Optionen. Ehe sie sich entscheidet, das Angebot anzunehmen, prüft sie beide. Ihre Bezüge betragen für sie und das Kind, das bei ihr lebt, 653 Euro. Der Geldwert der Wohnung, die ihr die Stadt zur Verfügung stellt, beträgt einschließlich der Heizkosten 376 Euro. Frau Schmidt hat einen Freund, der sie hin und wieder ausführt und auch hin und wieder mit ihr verreist. Ab und zu fallen auch Schreibarbeiten an. Aus ihrem Bekanntenkreis wird sie gelegentlich eingeladen, auf

Kleinkinder aufzupassen. Als Mitarbeiterin des Handelsbetriebes, der sie auf Zeit beschäftigen will, wird sie netto zuzüglich Kindergeld 1145 Euro verdienen. Den Arbeitsplatz würde sie mit öffentlichen Verkehrsmitteln erreichen können. Zeitaufwand rund anderthalb Stunden.

Die Prüfung der Optionen ergibt: Ihre jetzige wirtschaftliche Situation ist für sie kaum schlechter als der Job. Was soll sie veranlassen, ihn anzunehmen? Und wie würden wir entscheiden? Frau Schmidt befindet sich in einem Zwiespalt. Setzt sie auf Eigenverantwortung und Freiheit von Vormundschaft, wird sie sich eher für die Annahme der Tätigkeit entscheiden. Fühlt sie sich in der Obhut der sozialen Vormundschaft wohler – und verliert sie dadurch in ihrem Freundeskreis auch nicht an Ansehen –, liegt es nahe, dass sie die angebotene Tätigkeit ablehnt. Was ist sozial gerecht? Ist der gebotene Lohn zu gering? Oder ist die Grundsicherung zu hoch? Wie viel moralische Anstrengung kann man von Frau Schmidt verlangen, wenn es um ihre Entscheidung geht? Eine Standardantwort gibt es nicht.

Möglich ist jedoch die Feststellung, dass der betroffene Arbeitgeber das Ganze für unsozial hält. Zutreffend ist auch, dass das gegenwärtige vormundschaftliche Konzept der Sozialpolitik keine klare Antwort auf diese Fragen bereithält. Denn es verhindert Eigenverantwortung und hält zugleich wenig von sozialer Kontrolle – beides Eigenschaften, die zur Entgrenzung der sozialstaatlichen Vormundschaft beigetragen haben. Geduld und ein langer Atem werden notwendig sein, um ihren dominierenden Einfluss auf das Denken der Menschen zu überwinden.

Diese »Kollision sozialer Gerechtigkeiten« ist das Ergebnis des Interventionismus, der die soziale Ordnung zerklüftet. Wo immer ein neues Bedürfnis nach sozialer Gerechtigkeit entdeckt und politisch thematisiert wird, lässt die gesetzliche Intervention in den jeweiligen Missstand in der Regel nicht lange auf sich warten. Nur selten stellen die Initiatoren die Frage nach den

Auswirkungen ihrer Aktionen auf andere Bereiche, in denen es ebenfalls um »mehr soziale Gerechtigkeit« geht. Im Bereich der sozialen Gerechtigkeit werden derartige Konflikte in dem Maße weiter zunehmen, in dem als Folge der Begrenzung der Staatsverschuldung und abnehmender »Wachstumsgewinne« auch die Möglichkeiten abnehmen, die Folgen derartiger Kollisionen erträglich zu gestalten. Jeder wird dann Vater Staat für die sozialen Ungerechtigkeiten verantwortlich machen, die er empfindet, wenn andere bedient werden und er leer ausgeht. Bei schrumpfenden Verteilungsspielräumen können deshalb soziale Unruhen zunehmen. Versprechungen, mehr soziale Gerechtigkeit zu schaffen, werden zunehmend hohl klingen.

Vor allem wird das Vertrauen in die Versprechen des Sozialstaates abnehmen. Dieser Vertrauensverlust ist längst im Gange. Dass er sich nicht noch schneller ausbreitet, ist vor allem darauf zurückzuführen, dass es noch immer an Alternativen zu seinen »Angeboten« fehlt, die ernsthaft diskutiert werden. Das Ergebnis dieser »Schwebelage« zwischen verlorenem Grundvertrauen in den Sozialstaat und dem Mangel an neuen Wegen und Strukturen bildet sich erstaunlich klar in Umfragen der jüngsten Zeit ab. Rund zwei Drittel der Bevölkerung erwarten vom Staat möglichst viel Sicherheit und eine möglichst umfassende soziale Absicherung. Im Jahre 2009 waren es sogar 74 Prozent. Die Meinungen sind geteilt, ob der Sozialstaat alle sozialen Risiken übernehmen oder sich auf eine Grundsicherung beschränken sollte. Wird die umfassende Absicherung mit höheren Steuern verbunden, entscheidet sich die Mehrheit für weniger Steuern und die Erweiterung der Möglichkeiten zur Eigenvorsorge.

Einen bemerkenswerten Eindruck von der tiefen Verunsicherung, die bei den »Untertanen« des Sozialstaates inzwischen herrscht, gewährt ein Blick auf die Bedeutung, die die Befragten der zukünftigen Entwicklung der staatlichen und der privaten Altersvorsorge beimessen. Kaum noch jemand glaubt daran, dass die staatliche Alterssicherung an Bedeutung gewinnen werde. Zwei Drittel sehen sie auf der Verliererstrecke. Dagegen geben gut achtzig Prozent der privaten Altersversorgung eine Chance, an Bedeutung zu gewinnen.

Die Aussicht auf Reformen beunruhigt eine Mehrheit der Bevölkerung. Wiederum zwei Drittel halten die Armut in Deutschland für ein schwerwiegendes Problem und gehen davon aus, dass sie weiter zunehmen werde. Den entscheidenden Test auf seine Glaubwürdigkeit besteht der Sozialstaat schon lange nicht mehr: das Vertrauen in die Sicherheit der staatlichen Rentenversicherung. Seit 1977 zeigen die Befragungen, dass weit mehr als zwei Drittel der Bevölkerung Zweifel an der Belastbarkeit des wichtigsten, weit in die Zukunft reichenden Versprechens des Sozialstaates haben. Kein ermutigendes Zeugnis für Vater Staat.

Wo also kommt die Macht des Sozialstaates her? Die Antwort ist ebenso einfach wie grundlegend: aus einem Gefühl verinnerlichter Abhängigkeit, aus Angst vor Reformen und aus Mangel an brauchbaren und politisch propagierten Alternativen. Aus Überzeugung ist immer mehr ein Beharren ohne wirkliches Vertrauen geworden. Die Versicherten wähnen sich zwischen allen Stühlen: das Alte hat offenbar keine Zukunft, aber die Zukunft hat bisher keine Gestalt. Dies vor dem Hintergrund der demografischen Entwicklung, die uns lehrt, dass die Älteren an Zahl zunehmen und die Zahl der nachwachsenden Jüngeren rapide sinkt. Gleichwohl geben wir für »soziale Gerechtigkeit« in der Gegenwart ein Vielfaches dessen aus, was wir in die Fähigkeiten und das Können der Jüngeren investieren müssten, um ihnen eine lebenswerte Zukunft zu sichern. Macht der Gewohnheit oder Alternativlosigkeit?

Hier kommt mir ein Phänomen in den Sinn, auf das ich beim Studium der Finanzkrise gestoßen bin. Ausgelöst wurde sie unter anderem, weil immer mehr Investoren ihre Produkte mit immer weniger Eigenkapital und immer mehr Krediten finanzierten. Damit verlängerte man die Hebelwirkung des Eigenkapitals. Solange der Markt der Tragfähigkeit dieser Hebel traute, liefen die Dinge ganz im Sinne der Investoren. Als das Vertrauen in die Tragkraft – konkret in die Refinanzierung – schwand, brach das System zusammen und riss Menschen und Geld mit sich. Heute schon können wir erkennen, dass die Krise auch die Chance bot, Neues zu entwickeln. Die Realwirtschaft profitiert von ihrer reinigenden Wirkung.

Warum erinnert mich das an den Sozialstaat? Dessen Eigenkapital ist das Vertrauen der »Kunden« in seine »Produkte«. Seine Hebel sind Wachstum und Staatsverschuldung. Der Staatsverschuldung ist durch die Schuldenbremse ein Riegel vorgeschoben. Und der Wachstumsgewinn? Den werden wir einsetzen müssen, um die europäische Friedensordnung davor zu schützen, als Geldgemeinschaft zu scheitern. Im siebten Kapitel ist davon die Rede.

So wird das Vertrauenskapital des Sozialstaates mit dem sinkenden Vertrauen in die Rente weiter schrumpfen. In der Wirtschaft hätte man ein Produkt mit derartig geringer Akzeptanz längst vom Markt genommen, auch um Kosten zu sparen. Beim Sozialstaat wird es länger dauern, bis die Einsicht in die neue Wirklichkeit sich durchsetzt. Aber der Widerstand gegen eine Alternative wird nachlassen. Dafür werden die Kosten der Erneuerung der sozialen Ordnung steigen. Sie steigen schon jetzt mit dem Quadrat der verlorenen Zeit. Und viel Zeit wurde bereits verloren. Rund vierzig Jahre, wenn man im Beginn des Geburtenrückgangs in den 1970er Jahren den eigentlichen Anlass für einen Umbau der Alterssicherung sieht.

Der Wunsch nach privatwirtschaftlichen Formen der Alterssicherung wird weiter zunehmen. Man hat ihn in den vergangenen Jahren so wirksam unterdrückt, dass sich bisher kaum belastbare Erfahrungen mit dieser Alternative haben entwickeln können. Der »soziale Hebel« wird schwächer. Beim Euro haben zu Beginn alle versprochen: Er ist unsinkbar. Jetzt suchen wir verzweifelt nach Rettungsbooten. Ohne tiefgreifende Veränderungen wird es dem Sozialstaat kaum anders ergehen. Seine Macht steht auf tönernen Füßen. Nur ein neues Denken, eine neue Sicht der Dinge kann ihn und die Erfüllung seines Auftrages retten. Neue Wege müssen gesucht und neue Aufgaben angepackt werden. Die politischen Kosten einer derartigen Reform werden hoch sein – aber heute noch gering im Vergleich zu denen, die in wenigen Jahren entstehen werden, wenn uns die neuen Wirklichkeiten das Ruder aus der Hand nehmen und uns nach ihrem Willen steuern. Noch haben wir die Wahl!

VI

Die Freibierstrategie des Sozialismus

Wem die Begründung für die Präferenz des Freiheitlichen vor dem Planwirtschaftlichen noch nicht überzeugend genug erscheint, dem sei empfohlen, seine Aufmerksamkeit dem folgenden Exkurs zu widmen. Es handelt sich um die Wiedergabe eines Versuches, den bierseligen Delegierten eines CSU-Wahlparteitages im Herbst 1975 auf nicht ganz ernst gemeinte Weise den Unterschied zwischen Freiheit und Sozialismus an Hand eines für die Adressaten besonders angelegentlichen Sachverhaltes zu erläutern. Ort des Geschehens: das Münchner Hofbräuhaus. Manchmal hinterlassen derartige Exkurse einen nachhaltigeren Eindruck als kluge Ausführungen.

Liebe Freunde: Zunächst einmal Prost!
Da von mir theoretische Beiträge erwartet werden, möchte ich auch heute Abend einen solchen Beitrag leisten. Ich möchte erläutern, wie man durch Freibier zum Sozialismus kommen kann: Die Freibierstrategie des Sozialismus!

Als ersten Schritt verspricht die Regierung allen Bürgern im Lande Freibier. Jeder soll im Interesse der Gleichheit Bier umsonst erhalten. Um sicherzugehen, dass nur noch Freibier angeboten wird, muss als Nächstes der Verkauf von Bier verboten werden. Niemand soll sich durch den Kauf von Bier besondere Privilegien verschaffen können. Das Verbot ist somit eine notwendige Maßnahme sozialistischer Gerechtigkeit zum Abbau unerträglicher Privilegien. Da alle Gastwirte Bier nunmehr kostenlos ausschenken, verdienen sie nichts mehr. Sie müssen deshalb in den öffentlichen Dienst übernommen werden. Dabei spielt die Parteizugehörigkeit eine wesentliche Rolle.

Zur Ordnung dieses wichtigen neuen Zweiges des öffentlichen Dienstes wird ein Beauftragter für Bierausschank berufen. Ihm wird zur Sicherung von mehr Demokratie ein drittelparitätisch besetztes Gremium zur Seite gestellt, in dem die Gastwirte, die Konsumenten und die Kellner vertreten sind.

Da die Regierung Freibier versprochen hat, muss sie dafür Sorge tragen, dass ausreichend Freibier zur Verfügung steht. Sie muss deshalb die Produktion von Bier kontrollieren und die Investitionen der Brauereien lenken. Da die Verantwortung des Staates für das Wohl der Bürger unteilbar ist und die Einhaltung des Freibierversprechens nicht am Profitstreben scheitern darf, ist die Verstaatlichung der Brauereien der nächste notwendige Schritt auf dem Weg zum Sozialismus.

Um die staatlichen Brauerei-Aufgaben wahrzunehmen, wird ein staatliches Bieramt errichtet und ein Präsident des Amtes berufen. Er trägt, zusammen mit den Unterbehörden, die Verantwortung für den Bierausstoß.

Die Brauereien wiederum sind vom Hopfenanbau abhängig. Ohne guten Hopfen kein gutes Bier. Die Regierung muss deshalb auch die Verantwortung für den Hopfenanbau übernehmen. Dazu muss das Bieramt durch eine Hopfenbehörde erweitert werden. Nach der Übernahme der Gastwirte in den öffentlichen Dienst, der Verstaatlichung der Brauereien und der Vergesellschaftung des Hopfenanbaus sind alle Voraussetzungen für die Einlösung des Freibierversprechens geschaffen. Der Verwirklichung sozialistischer Gleichheit im Bierkonsum steht nichts mehr im Wege.

Dann treten jedoch Lieferschwierigkeiten auf. Der Bierausstoß bleibt hinter den Erwartungen zurück, da die Brauer mit dem Ausfüllen von Formularen und der Arbeit in den demokratischen Gremien beschäftigt sind. Um diesem Übelstand abzuhelfen, wird die Regierung den Bierausstoß durch die Zugabe von Wasser inflationieren. Das Bierangebot wird dadurch erhöht. Aber die Qualität wird schlechter. Deshalb sind dieser Biervermehrung Grenzen gesetzt. Und daraus folgt der nächste und abschließende Schritt zum Sozialismus: Das Bier wird rationiert. Freibier auf Bier-Karten.

Da die Gastwirte im öffentlichen Dienst mehr Dienststunden machen, die Brauereien weniger produzieren und die Qualität des Bieres immer schlechter wird, sinnen die Bürger auf Auswege. Der direkte Weg zum guten Bier ist versperrt. Die sozialistische Bierordnung kann nur noch durch revolutionäre Maßnahmen verändert werden. Zur Revolution langt es jedoch nicht. So entwickelt sich ein grauer Markt für Bier. Hopfen wird heimlich angebaut – trotz Strafandrohung. Bier wird heimlich gebraut. Und Gastwirte verkaufen das neue, gute Bier heimlich gegen Entgelt – vor allem an die, die gute Beziehungen haben, und an die Mitglieder der Regierung.

Da wir von diesem Umweg zum guten Bier nichts halten: Deshalb sind wir gegen Sozialismus!

SECHSTES KAPITEL

Das Goldene Kalb Wachstum

> »Was wir aber außerdem brauchen, ist ein neuer Stil
> unseres Lebens. Die wachsende Produktion allein
> hat keinen Sinn. Lassen wir uns von ihr völlig
> in den Bann schlagen, geraten wir in solcher Jagd
> nach materiellen Werten in den bekannten Tanz um
> das Goldene Kalb. In diesem Wirbel aber müssten
> die besten menschlichen Eigenschaften verkümmern.«
> *Ludwig Erhard*

I

Knechtschaft des Wachstums

Kehren wir noch einmal zu dem Auftrag zurück, den der Bundestag seiner Enquete-Kommission mit auf den Weg gegeben hat. Zum Thema »Stellenwert von Wachstum in Wirtschaft und Gesellschaft« heißt es: »Unser Wirtschaftssystem ist auf Wachstum ausgerichtet. Bleibt volkswirtschaftliches Wachstum aus, entsteht schnell eine Reihe von sozialen und wirtschaftlichen Herausforderungen.« Vor diesem Hintergrund soll die Kommission die Frage untersuchen, ob und gegebenenfalls wie »das deutsche Wirtschafts- und Sozialmodell die ökologischen, sozialen, demografischen und fiskalischen Herausforderungen auch mit geringen Wachstumsraten bewältigen kann« und »welche Wachstumszwänge dem entgegenstehen«. Dabei soll sie auch »das Feld der Arbeitsmarktpolitik, der Sozialpolitik und der Einkommensverteilung beleuchten und bewerten«.

Mit diesen Vorgaben greift der Bundestag eine Fragestellung auf, die im Grunde seit Ende der siebziger Jahre auf der deutschen und europäischen Zukunftsagenda steht, aber erst seit kurzem ernsthaft aufgerufen wurde. Bereits 1972 untersuchte der Club of Rome Grenzen des Wachstums und wies auf die Notwendigkeit hin, das Wirtschaftswachstum vom Ressourcenverbrauch zu entkoppeln. Durch die erste Ölkrise und die mit ihr steigenden Ölpreise wurde dieser Notwendigkeit bereits zu einem wesentlichen Teil durch die Märkte entsprochen. Steigende Preise zwangen zu Investitionen in energiesparende Technologien. Die Unternehmen lernten schnell, ihren Energieverbrauch durch Regelkreissysteme und moderne Steuerungen zu verringern. Zum Teil gelang es ihnen, in kurzer Zeit den Verbrauch zu halbieren. Ständig werden weitere Begrenzungen des Ressourcenverzehrs durch technisch-wissenschaftliche Fortschritte möglich und auch weiterhin in erster Linie von den Märkten erzwungen.

Weit schwieriger ist die eigentliche Frage zu beantworten, die der Bundestag seiner Kommission stellt: Was geschieht, wenn das volkswirtschaftliche Wachstum sich wesentlich verringert oder ausbleibt und uns als Folge vor sozial- und wirtschaftspolitische Herausforderungen stellt? Funktionierende Märkte werden sich vergleichsweise schnell an die neuen Bedingungen anpassen. Das haben sie immer wieder bewiesen. Das eigentliche Problem liegt nicht bei ihnen. Es betrifft die Reaktionen der sozialen Systeme und der bestehenden Verteilungsbesitzstände auf geringes oder fehlendes Wachstum. Das Problem liegt, mit anderen Worten, eher bei Vater Staat und seinen Strukturen und angegliederten Besitzständen. Sie sind es vor allem, die nach bis heute herrschender Überzeugung auf wirtschaftliches Wachstum angewiesen sind.

Brauchen wir also Wachstum? Ludwig Erhard hätte diese Frage so kaum gestellt. Als das noch unter seiner Kanzlerschaft konzipierte Gesetz zur Förderung der wirtschaftlichen Stabilität nach dem Einzug Karl Schillers ins Bundeswirtschaftsministerium ausgedehnt wurde auf die Förderung der Stabilität *und* des Wachstums der Wirtschaft, hat er diese Veränderung heftig kritisiert. Er missbilligte, »dass wir es gewagt hätten, nun Wachstum zu einem selbstständigen Ziel zu machen«. Für ihn galt nur das »magische Dreieck« Preisstabilität, hoher Beschäftigungsstand und außenwirtschaftliches Gleichgewicht. Wachstum war eine natürliche Folge der Verwirklichung der anderen drei Ziele; gewissermaßen der Gewinn aus gutem Wirtschaften.

In der Tat war mit der Erweiterung der Aufgabenstellung der Wirtschaftspolitik um das Ziel des »stetigen und angemessenen Wirtschaftswachstums« eine Änderung der Wirtschaftspolitik gewollt. Erhards Entwurf eines Stabilitätsgesetzes war situationsbezogen. Als sein Kabinett im März 1964 den Entwurf verabschiedete, war die Leistungskraft der deutschen Wirtschaft überbeansprucht. Mit dem geplanten Gesetz sollte deshalb vor allem die überhitzte Konjunktur bekämpft werden. Die Stabilität des Preisniveaus stand im Mittelpunkt.

Als das Gesetzesvorhaben im September 1966, noch unter der Regierung Erhard, den Bundestag erreichte, hatte sich die wirtschaftliche Lage nachhaltig verändert. Die Bundesbank hatte die konjunkturelle Entwicklung gedämpft. Die Investitionstätigkeit war zurückgegangen. Eine Rezession zeichnete sich ab. Schon während der ersten Lesung des Gesetzes, vor Bildung der Großen Koalition, verlangte der Bundestagsabgeordnete der SPD Karl Schiller deshalb die gleichberechtigte Einbeziehung des Wachstumsziels in den Zielkatalog des Gesetzes. Deutlicher formulierte der Berliner SPD-Abgeordnete Adolf Arndt die neue wirtschaftspolitische Richtung: »Unser

Volk will voran; das heißt: Es will Wachstum. Unser Volk will das Erreichte sichern; und das heißt: Es will Stabilität. Für uns Sozialdemokraten heißt dies, dass wir mit unseren Verbesserungsvorschlägen aus diesem Entwurf eine Waffe des Wachstums und der Stabilität, der Stabilität und Expansion schmieden helfen wollen.«

Franz Josef Strauß war der einzige, der in der Debatte die möglichen Grenzen wirtschaftlichen Wachstums ansprach. Er unterschied zwischen Grenzen des Möglichen und Grenzen des Wünschbaren. Beides gehöre zusammen. Der bereits erreichte Grad der Rationalisierung und Automation stelle die Politik vor die Tatsache, dass der auf diesem Weg erreichbare Produktivitätsfortschritt künftig kleiner sein werde. Auch sonst seien Grenzen gezogen, »die man nicht aufgrund eines Willensaktes beliebig weit setzen kann«. Seine Schlussfolgerung lautete: »Das ... abgeschwächte Wachstumstempo unserer Wirtschaft erfordert ein Zurückschrauben der Erwartungen und Ansprüche sowohl der öffentlichen Hand wie auch des Einzelnen.« Das habe nichts mit einem Scheitern der Wirtschaftspolitik der Regierung Erhard zu tun. Es seien einfach gewisse Grenzen erreicht.

Wenn versucht werde, über diese Grenzen hinaus Steigerungen zu erzwingen, sei es durch die öffentliche Hand, sei es durch privatwirtschaftliche Vereinbarungen der Tarifparteien, müsse es zu Spannungen und Preissteigerungen kommen. Sie könnten dann nicht verhindert werden. Sein Resümee lautete, »dass wir unsere Erwartungen zurückschrauben müssen, dass wir uns vielleicht in einer Überschätzung der Leistungsfähigkeit unserer Wirtschaft und einer Überschätzung der daraus resultierenden finanziellen Möglichkeiten des Staates übernommen haben«. Der Staat sei nicht in der Lage, alle individuellen und kollektiven Bedürfnisse gleichzeitig in vollem Umfang oder in geradezu idealer Vollendung zu erfüllen. Nur unter diesen Einschränkungen war er bereit, der Forderung Karl Schillers zu entsprechen und das »magische Dreieck« um eine »vierte Ecke« zu ergänzen. Dann werde es ein Viereck, nämlich ein »konstantes organisches Wachstum«. Schiller kritisierte Strauß. Was er über die Wachstumsmöglichkeiten gesagt habe, sei zu restriktiv. Das Gesetz sei nur dann ein wirklich gutes Gesetz, wenn es auch dazu diene, ein stetiges und angemessenes Wachstum mit optimaler Wachstumsrate zu sichern. In seiner »Neuformung« müsse es ausgeglichen werden in dem Sinne, dass es ein Gesetz für Stabilität und Wachstum werde.

Mit dem Regierungswechsel zur Großen Koalition erhielt Schiller die Möglichkeit, genau dies zu versuchen. Sein Konzept der Globalsteuerung der Wirtschaft wurde durch das neue Gesetz politisch und, soweit dies möglich war, auch rechtlich verbindlich. Der zuständige Ausschuss des Bundestages, der seine Verabschiedung empfohlen hatte, war der Auffassung, »dass in einer modernen, hochindustrialisierten, mit der Weltwirtschaft verflochtenen Volkswirtschaft die Selbststeuerungskräfte der Wirtschaft alleine nicht mehr ausreichen«. Preisstabilität, hoher Beschäftigungsstand und außenwirtschaftliches Gleichgewicht seien bei stetigem und angemessenem Wirtschaftswachstum »in befriedigendem Maße zu verwirklichen«. Die marktwirtschaftlichen Steuerungselemente müssten deshalb durch eine wirtschaftspolitische Beeinflussung des gesamtwirtschaftlichen Prozessablaufes ergänzt werden.

Die Frage »Brauchen wir Wachstum?« wurde eindeutig und vorbehaltlos bejaht. Ob es möglich ist, wirtschaftliches Wachstum mit politischen Mitteln hervorzubringen, wurde in der gesamten Debatte um das Stabilitäts- und Wachstumsgesetz nicht erörtert. Alle gingen von der »Machbarkeit« des Wirtschaftswachstums aus. Das Gesetz wurde mit großer Mehrheit angenommen. Die Entscheidung, Wirtschaftswachstum zum eigenständigen politischen Ziel zu erklären, wurde von allen Parteien im Bundestag getragen.

Heute können wir Bilanz ziehen und feststellen: Diese Entscheidung der ersten Großen Koalition war eine der folgenreichsten politischen Fehlentscheidungen der deutschen Wirtschaftspolitik nach dem Zweiten Weltkrieg. Erhard hatte recht. Wirtschaftliches Wachstum war jetzt nicht mehr die erfreuliche Folge wirtschaftspolitischen Handelns oder allenfalls ein Maßstab für den Erfolg der Wirtschaftspolitik. Es war zum Ziel der Wirtschaftspolitik erklärt worden. Schiller ließ keinen Zweifel daran, dass er darin das Ergebnis eines politischen Kurswechsels sah, »den Übergang von einer konventionellen Marktwirtschaft zu einer aufgeklärten Marktwirtschaft«. Mit dem Gesetz werde man »in die zweite Phase der marktwirtschaftlichen Ordnung« eintreten. »Ich glaube«, rief er in der dritten Lesung des Gesetzes aus, »wir sind uns alle darüber einig, dass das Zeitalter des Wirtschaftens aus dem Vollen in der öffentlichen und der privaten Wirtschaft vorbei ist. Das Zeitalter der Rechner hat begonnen. Dieses Gesetz ist ein Gesetz, das die Rechner in die Pflicht nimmt – auch die Rechner bei der Wirtschaftspolitik. Das scheint mir eine gute Sache zu sein.«

Tatsächlich diente das Wachstumsziel den Rechnern nicht. Es hob die Berechenbarkeit der Wirtschafts- und Finanzpolitik im bisher verstandenen Sinne auf. Optimales Wachstum ist keine berechenbare, sondern eine politische Größe. Mit ihr wurde die Expansion, man kann auch sagen die Entgrenzung, legitimiert. Man wollte Zielsetzungen verwirklichen, die nicht ökonomischer Natur waren. Sie wurden nach 1969 als die Reformvorhaben der sozialliberalen Koalition im Einzelnen definiert. Das Ziel war eine erhebliche Ausdehnung der staatlichen Aktivitäten vor allem im Bildungs- und Gesundheitswesen, im Umweltschutz und im Bereich der sozialen Sicherung. Man war überzeugt, dass diese Bereiche bisher vernachlässigt worden waren und ein erheblicher Nachholbedarf an Leistungen bestand, die nur vom Staat erbracht werden konnten. In einem groß angelegten Programm sollte diese »öffentliche Armut« überwunden werden. Dafür war anhaltendes hohes Wachstum erforderlich.

Das Wachstumsziel diente so nicht in erster Linie der wirtschaftlichen Stabilität, sondern der Expansion der Politik. Im Ergebnis befreite sie sich aus den Bindungen des bisherigen Stabilitätsdenkens. Im Februar 1967 stellte Franz Josef Strauß resignierend fest, der Weg, in der Phase der Konjunkturabschwächung Schulden zu machen, die später wieder abgetragen werden müssten, sei wohl leichter zu begehen als der andere Weg, nämlich in günstiger Konjunkturlage Ausgleichsrücklagen zu bilden. Wie sich zeigen sollte, war der Weg, zunächst Schulden zu machen, tatsächlich der leichtere. Nur abgetragen wurden die Schulden nicht mehr. Die politische Kraft fehlte, die durch die bisherige Politik gezogenen und mit dem politischen Kurswechsel aufgehobenen Begrenzungen der Finanzpolitik wieder aufzurichten. Mit dem Wachstumsziel konnte man diese Schwäche rechtfertigen.

Erhard hatte die Gefahren einer solchen Entgrenzung der Politik schon zu Beginn der 1960er Jahre gesehen. Mit seinem Konzept der formierten Gesellschaft wollte er sie abwehren. Es ist ihm nicht gelungen, dieses Konzept zu verwirklichen. 1966 wurde nicht nur Ludwig Erhard als Kanzler gestürzt. Die große Mehrheit des Parlaments trennte sich auch von seinem ordnungspolitisch begründeten Stabilitätsdenken. Man wollte nicht länger »Maß halten« – auch das Maß nicht, das er mit seinen Ermahnungen und Begrenzungsversuchen zu setzen versucht hatte. Der Drang zum Versorgungs- und Kollektivstaat, die macht- und organisationspolitischen Realitäten waren stärker. Sie setzten sich hinweg über die Idee einer »gewollten politischen Gesamtschau«, deren Ergebnis »ein vitales Verhältnis zwischen sozialer Stabilität und wirtschaftlicher Dynamik« sein sollte.

Niemand mehr teilte seine Überzeugung, dass durch »Eingriffe des Staates ... um des Phänomens des Wachstumwillen ... die menschliche Freiheit und Freizügigkeit Schaden erleiden müsse«. Im Gegenteil: Man war nun der Ansicht, wirtschaftliches Wachstum, ausgedrückt im relativen Zuwachs des Bruttosozialprodukts, sei nicht nur ein Ziel, sondern ständige Bedingung für die Wirtschafts- und Finanzpolitik. In der Kommentierung des Stabilitäts- und Wachstumsgesetzes von 1972 (Stern/Münch/Hansmeyer) heißt es: »Wachstum erfüllt in der gegenwärtig geltenden Wertordnung mit Stolz, Wachstum verleiht Macht und trägt zur sozialen Zufriedenheit bei.« Die hinter dem Wachstumsziel stehenden meta-ökonomischen Ziele seien »neben der Glückseligkeit« des Menschen vor allem das Streben nach staatlicher Machterweiterung.

II

Wachstum und Demokratie

Wo sich solche Begründungen festsetzen, ist es nicht mehr weit zu der Vorstellung, Wirtschaftswachstum sei eine existenzielle Bedingung moderner industrieller Demokratien, sei eine Bedingung der Regierbarkeit moderner Industrienationen. Wenige Jahre später war das politische Ziel aufgegeben, die aufgenommenen Schulden wieder abzutragen. 1979, bei einem realen Wachstum von vier Prozent, dienten schon fast zwei Drittel der Neuverschuldung der öffentlichen Haushalte der Zinszahlung für laufende Kredite. Für die Steuerung der Konjunktur durch Staatsverschuldung war in den 1980er Jahren kein Raum mehr. Schiller war schon 1972 als Wirtschafts-

bei angemessenem Wachstum lösen. Schließlich entspreche Wachstum mehrheitlich den individuellen Zielvorstellungen der Menschen.

Es ist eines der erstaunlichsten Phänomene unserer Zeit, dass offenbar alle Autoritäten der Wirtschafts- und Unternehmenspolitik entschlossen sind, am Wachstumsziel als einer zentralen wirtschaftspolitischen Kategorie festzuhalten – obwohl sie sich seit Jahren durch die gesellschaftliche und politische Wirklichkeit widerlegt sehen müssten. Alle scheinen noch immer überzeugt, es könne ihnen der Beweis gelingen, dass die Bäume doch in den Himmel wachsen. Niemand versucht, zwischen den neuen, aufstrebenden Industrienationen und jenen Staaten zu unterscheiden, deren Wirtschaft und Gesellschaft zur Reife gelangt sind. In seriösen Analysen werden die Wachstumsraten von Ländern mit höchst unterschiedlichem Entwicklungsstand verglichen. Das Wirtschaftswachstum in China oder Indien findet sich neben dem der EU-Länder. Kaum jemand macht sich die Mühe, die Rangfolge auf der Wachstumsskala nach dem Bruttoinlandsprodukt pro Kopf der Bevölkerung zu bestimmen und dieses in absoluten Werten statt in Prozenten anzugeben. Niemand ist bereit, Konsequenzen für unsere Wachstumsvorstellungen aus dem Umstand zu ziehen, dass schon heute der Bevölkerung des Westens – USA, Westeuropa und Japan – pro Kopf ungefähr das Neunfache dessen an Gütern und Dienstleistungen zur Verfügung steht, über das der Durchschnitt der übrigen Menschheit verfügt.

Wächst das Bruttoinlandsprodukt pro Kopf in China um rund zehn Prozent, dann vermehrt es sich im Laufe eines Jahres um etwa 330 Euro. Wächst das deutsche Bruttoinlandsprodukt pro Kopf der Bevölkerung um 1,5 Prozent, dann ist es am Ende des Jahres um 450 Euro gestiegen. China hat selbst bei einer anhaltenden Wachstumsrate von zehn Prozent keine Chance, Deutschland auf absehbare Zeit einzuholen.

Seine Stärke liegt nicht im Bruttoinlandsprodukt, sondern in der Bescheidenheit der Menschen, ihrer hohen Leistung, ihrer enormen Lernbereitschaft und in ihrem Willen zum Erfolg – Qualitäten also, die zu entwickeln jedem Land und seiner Bevölkerung offensteht.

III

Der »Zwang« zum Wachstum

Wenn sämtliche Instanzen an der Überzeugung festhalten, exponentielles Wirtschaftswachstum sei ungeachtet aller Erfahrungen und logischen Einwände möglich und notwendig, dann muss es tiefer liegende Gründe für diese Haltung geben. Es gibt sie tatsächlich. Sie haben ihren Ursprung in der Veränderung des Verhältnisses von Staat und Gesellschaft, genauer: in der wachsenden Verstaatlichung unserer Gesellschaft und der gesellschaftlichen Verteilungsentscheidungen beziehungsweise – sieht man es aus der Perspektive des Staates – in der wachsenden Vergesellschaftung des Staates und seiner Organe auf dem Wege der faktischen Besetzung staatlicher Zuständigkeiten durch gesellschaftliche Gruppen. In beiden Fällen geht es um die zunehmende Aufhebung der Trennung von staatlicher Macht und organisierten gesellschaftlichen Interessen.

Was in allen westlichen Industrienationen als Wachstumszwang empfunden wird, sind in Wirklichkeit die zunehmenden Schwierigkeiten, mit den Entscheidungslasten fertig zu werden, die sich der Staat mit der Verstaatlichung gesellschaftlicher Verteilungsprozesse während der letzten 25 Jahre aufgebürdet hat. Die exponentielle Vermehrung staatlicher Zuständigkeiten führt zum Ruf nach exponentiellem Wirtschaftswachstum. Schon Mitte der siebziger Jahre glaubte Carl

wie qualitativ. Was vor allem exponentiell wuchs und bis heute weiter wächst, ist der Umfang staatlicher Interventionen und ihrer Strukturen. Die »Halbwertzeit« von Gesetzen und Verordnungen schrumpft. Immer häufiger verändern sich die gesetzlichen Rahmenbedingungen. Die bürokratische Organisationsdichte unserer Gesellschaft nimmt zu.

Mit ihr vermehren sich der Umfang der konkurrierenden Zuständigkeiten und damit die Zahl derer, die an Entscheidungen beteiligt werden müssen. Eine solche Entwicklung verringert die Handlungsfähigkeit der Gesellschaft. Zugleich schwindet die Möglichkeit, die Verantwortlichen für Entscheidungen oder Nichtentscheidungen dingfest zu machen. So konsumiert exponentielles Wachstum, das im Bereich der gesellschaftlichen Organisationen und staatlichen Bürokratien stattfindet, immer mehr Führungs- und Koordinationsenergie, ohne die Qualität der Gesellschaft zu verbessern. Mit diesem Wachstum des öffentlichen und gesellschaftlichen Sektors konnte das Wachstum der Wirtschaft nicht Schritt halten. Denn der prinzipielle Irrtum der Entscheidung, die alten Strukturen und Prioritäten beizubehalten, konnte weder durch konjunkturpolitische Instrumente noch durch konzertierte Aktionen oder Bündnisse zwischen Staat und gesellschaftlichen Gruppen ausgeglichen werden.

Es gehört zum Wesen der Demokratie, dass nichtstaatliche Stellen über den Zuwachs der Wirtschaft entscheiden, sondern die Menschen, die ihn erzeugen. Sie bestimmen nicht nur mit dem Stimmzettel über die Entwicklung ihres Landes. Mit ihrer Kaufkraft und dem Einsatz ihrer persönlichen Leistungsbereitschaft entscheiden sie auch täglich darüber, wie sich die Wirtschaft entwickeln soll. Gegen diese Mitbestimmung durch Millionen von Einzelentscheidungen ist politisch nur wenig auszurichten.

Die Menschen lassen sich auch nicht planmäßig beeinflussen. Ihr Verhalten innerhalb der bestehenden politischen und gesellschaftlichen Strukturen und ihre Reaktionen auf immer neue staatliche Interventionen sind immer weniger vorhersehbar. Vorherschbarkeit der Reaktion ist jedoch die Voraussetzung für eine Steuerung des wirtschaftlichen Verhaltens der Bürger durch staatliche Maßnahmen. Zum einen verändern sich die Wert- und Zielvorstellungen der Bürger, nicht zuletzt als Folge des erreichten Wohlstandes. Zum anderen wird es bei der wachsenden Fülle staatlicher Interventionen immer schwieriger, die Wirkungen einzelner Maßnahmen richtig einzuschätzen. Meistens sind ihre Risiken und Nebenwirkungen unbekannt – und kein Arzt oder Apotheker ist verfügbar, der uns über sie aufklären könnte. Kommen die Eingriffe aus verschiedenen staatlichen und gesellschaftlichen Bereichen, ist es vollends unmöglich, ihren Wirkungssaldo zu ermitteln. Denn es handelt sich nicht um ein Gesamtkonzept, sondern um punktuelle Maßnahmen, mit deren Hilfe punktuelle Wirkungen erzeugt werden sollen.

So wächst die Widersprüchlichkeit der durch Eingriffe, Teilordnungen und Gruppeninteressen zerklüfteten Wirtschaftsordnung. Die bestehenden Strukturen fahren fort, die Menschen zu versorgen und Mängel zu beheben, wo es längst keine mehr gibt. Der Gegensatz zwischen einer gesellschaftlichen Struktur, die auf Expansion angelegt ist, und einer gesellschaftlichen Wirklichkeit, die nach Begrenzung und stabilen Verhältnissen hinsichtlich ihrer Umwelt verlangt, nimmt zu.

Die überholten Strukturen reagieren auf diesen Gegensatz mit weiterer Verfestigung. Die Folge ist eine weitere Verkrustung der gesellschaftlichen Verhältnisse. Die Gefahren, die damit verbunden sind, waren schon zu Zeiten der ersten Großen Koalition zu erkennen. Mit den Verkrustungen auf dem Arbeitsmarkt wurde später die Notwendigkeit eines weiteren wirtschaftlichen Wachstums begründet. Man war der Ansicht, wegen der »strukturellen Starrheiten« des Arbeitsmarktes könne man eine Verringerung der Arbeitslosigkeit nicht von einer flexibleren Organisation der Arbeitszeiten erwarten. Die Defizite müssten durch Wachstumspolitik ausgeglichen werden.

Wie groß die Widersprüche inzwischen geworden sind, zeigt uns die Entwicklung der Schuldenquote. Sie verbindet Wachstum und Verschuldung des Staates. Steigt die Schuldenquote, so bedeutet dies, dass die Verschuldung schneller wächst als die Wirtschaftsleistung des Landes. Im Jahre 1970 betrug die Schuldenquote 18 Prozent. 1980 war sie auf 31 Prozent gestiegen, 1990 auf 42 Prozent, im Jahre 2000 auf 60 Prozent. Heute beträgt sie rund 76 Prozent. In diesen Zahlen wird die Vergeblichkeit des Versuchs deutlich, durch Staatsverschuldung Wachstum zu fördern. Sie spiegeln den wachsenden Verzehr an Gegenwarts- und Zukunftsressourcen, mit dem die überholten gesellschaftlichen Strukturen immer mühsamer am Leben erhalten werden.

Die Entwicklung der Staatsverschuldung ist die »Fieberkurve« der erkrankten gesellschaftlichen Strukturen. Ihre Krankheit droht zunehmend die ganze Gesellschaft in Mitleidenschaft zu ziehen und die Übel auszulösen, die mit stetigem und angemessenem Wachstum eigentlich verhindert werden sollten: Abbau des Sozialen durch Abgabenverweigerung, Entsolidarisierung durch Schattenwirtschaft, Verletzung der Solidarität mit den kommenden Generationen durch Staatsverschuldung, Aushöhlung der personalen Solidarität durch staatliche beziehungsweise kollektive Fürsorge.

Man hat wiederholt versucht, die zunehmende Widersprüchlichkeit einer Politik zu überwinden, die auf quantitatives Wachstum angewiesen ist. So sollten neue Maßstäbe für das entwickelt werden, was stetiges und angemessenes Wachstum ist. Man hat versucht, die Qualität des Lebens durch Sozialindikatoren zu messen und das Ergebnis im Bruttoinlandsprodukt zu berücksichtigen. Schon zu einer frühen Zeit fand das »soziale Wohlbefinden« Eingang in die Konzepte der Sozialen Marktwirtschaft. Zusammen mit der Wettbewerbsfähigkeit sollte es zur Richtschnur der Wirtschaftspolitik werden.

Andere wollten die unentgeltlichen Leistungen der Hausfrauen, Pfleger oder Betreuer kranker und alter Menschen bewerten und in die volkswirtschaftliche Gesamtrechnung einbeziehen. Dies hätte zwar rechnerisch einen Wachstumsschub ausgelöst. Aber es hätte nicht zu Mehreinnahmen geführt. Allenfalls hätte das Bruttoinlandsprodukt und damit die Basis zugenommen, an der man die relative Höhe der Staatsverschuldung misst. Die Staatsschuld wäre kleiner erschienen. Sie hätte sich jedoch um keinen Cent vermindert. Diese und andere Versuche mussten deshalb ins Leere laufen, weil sie von der Vorstellung bestimmt blieben, der Erfolg der Wirtschaftspolitik müsse sich ebenso messen lassen, wie der Staat die Wirtschaft zu beeinflussen beanspruche. Der epidemische Irrglaube, dass nur dem Zähl- und Messbaren Wirklichkeit zukomme, war auch hier am Werk.

All dies zeigt nur, dass wir die »Wachstumsfrage« so nicht beantworten können. Denn nach wie vor haben wir keine wirkliche Erklärung für das Phänomen, dass alle davon überzeugt sind, die Bewältigung des gesellschaftlichen Konflikthaushalts sei ohne Wirtschaftswachstum nicht möglich. Wenn wir der Sache auf den Grund gehen wollen, müssen wir uns deshalb näher mit dem Wesen dieses Konflikthaushalts befassen.

IV

Die Verstaatlichung der Verteilungskonflikte

Nicht nur die Ansprüche des Sozialstaates und die Erwartungen mächtiger Besitzstände haben einen »Zwang« zum exponentiellen Wachstum der Wirtschaft begründet. Eine weitere wichtige Ursache begegnet uns in dem, was der Staatsrechtler Hans F. Zacher bereits vor Jahren als das »sozialpolitische Umlaufverfahren« beschrieben hat. Fehlt es an der Möglichkeit, die Grenzen der sozialpolitisch begründeten Umverteilung auf wirksame Weise festzulegen, dann wird dies von den organisierten Sonderinteressen als Einladung verstanden, die Grenzen zu testen und zu ihren Gunsten zu verschieben. Umgekehrt will die verteilende Sozialpolitik die Wirklichkeit korrigieren und durch andere »Verteilungswirklichkeiten« ersetzen. Dabei geht es ihr nicht nur um die Rahmenbedingungen für menschliches Handeln, sondern auch darum, Erwartungen zu erfüllen, Einkommen zu gewähren, tatsächliche oder vermeintliche Ungleichheiten zu beseitigen, Kaufkraft zuzuweisen und umzuverteilen. Am wirksamsten ist sie im Bereich der Geldleistungen. Einkommens- und Subventionsströme lassen sich politisch weit leichter steuern als die Bereitschaft zu sozialen Diensten. Geldzahlungen werden auch weniger unmittelbar dem zugerechnet, der sie leistet, also dem Staat beziehungsweise denjenigen, die sie durch Einflussnahme auf die staatliche Gesetzgebung anordnen oder bewirken können.

Inhaltlich befasst sich Sozialpolitik mit wirtschaftlichen Nöten und Ungleichheiten. Sie soll und will für jedermanns menschenwürdige Existenz sorgen. Sie will wirtschaftlich bedingte Abhängigkeitsverhältnisse abbauen und wirtschaftliche Ungleichheiten beseitigen. In der modernen industriellen Demokratie obliegen diese Aufgaben der Politik, die darauf angewiesen ist, die Zustimmung der Betroffenen zu suchen und Mehrheiten zu sichern. Bestimmten Gruppierungen in der Bevölkerung, deren Zustimmung sie gewinnen will, stellt sie die Erfüllung bestimmter Erwartungen und eine Verbesserung ihrer relativen Position in der Gesellschaft in Aussicht. Da der Erwartungshaushalt der Gesellschaft eine unendliche Fülle von Wünschen und Ansprüchen umfasst, die sich zudem weitgehend widersprechen, ist die Politik auf eine »Technik der teilweisen Erfüllung von Teilerwartungen« angewiesen.

Die Wirkungen dieses Verfahrens, so Hans F. Zacher, auf die organisierten Gruppen ist verschieden. Diejenigen, deren Erwartungen erfüllt werden, sind insoweit befriedigt. Hinsichtlich ihrer weiteren Erwartungen werden sie deren Dringlichkeit und die Aussichten neu bestimmen, sie zu einem späteren Zeitpunkt durchzusetzen. Das Gleiche gilt für Gruppen mit konkurrierenden Erwartungen. Sie werden zusätzlich durch den Umstand ermutigt, dass andere organisierte Erwartungen bereits erfüllt worden sind. Wieder andere Gruppen sehen, dass die Erfüllung ihrer Erwartungen näher rückt.

Betrachten wir das Ergebnis dieses sozialpolitischen Umlaufverfahrens, so bietet sich ein buntes Bild. Kinder, Jugendliche, Auszubildende, Studenten und Eltern, Hausfrauen, Schwangere, Geschiedene und getrennt lebende Ehegatten, Witwen und Witwer, Waisen, Rentner, Ärzte und Krankenhauspersonal, gesetzlich versicherte Patienten, Arbeitslose, Landwirte, Selbstständige und eine kaum überschaubare Prozession von Trägern privater oder organisierter Sonderinteressen werden immer aufs Neue begünstigt oder belastet, nicht selten beides in einem ambivalenten Verhältnis.

Eine besondere Dynamik entfaltet das System dort, wo es sich zur Aufgabe gesetzt hat, wirtschaftliche oder wirtschaftlich bedingte Ungleichheiten zu beseitigen. Was gleich oder ungleich ist, lässt sich in einer dynamischen Gesellschaft nie eindeutig beantworten. Was im Verhältnis zweier Gruppen zueinander als ungleich empfunden wird, kann im Verhältnis zu anderen Interessen als gleich oder im umgekehrten Sinne als Ungleichheit erscheinen. Deshalb erzeugt im Grunde jeder sozialpolitische Ausgleich einer bestehenden Ungleichheit neue Ungleichheiten. Wer je versucht hat, das Gehaltsgefüge des öffentlichen Dienstes zugunsten bestimmter Gruppen zu verändern, weiß um diese Zusammenhänge.

Die Forderung nach Beseitigung wirtschaftlicher und gesellschaftlicher Ungleichheit lässt sich deshalb ebenso wenig befriedigen wie die Forderung nach sozialer Ausgewogenheit. Durch die ständige Veränderung der gesellschaftlichen Bedingungen wird Ungleichheit ständig neu erzeugt. Wo sie sozialpolitisch wirksam wird, wird sie deshalb zu einer zusätzlichen Triebkraft der sozialpolitischen Entwicklung.

Dieses sich selbst vorantreibende, nie zur Ruhe kommende sozialpolitische Umlaufverfahren muss nun im Zusammenhang gesehen werden mit der Konkurrenz der politischen Parteien um Mehrheiten. Ist es dem Staat gestattet, gesellschaftlichen Gruppen »Leistungen« zuzusagen, und hat er dies bereits getan, so wird die politische Unterstützung der Parteien von den Leistungsversprechen beeinflusst, die sie geben. Werden Erwartungen enttäuscht, kann die politische Unterstützung entzogen werden, ebenso, wenn Entscheidungen getroffen werden, die zu »sozial unausgewogenen« oder »unzumutbaren« Beeinträchtigungen bestehender Leistungsbesitzstände führen. Die Folgen wurden im Jahr 2005 gleich zweimal, in Nordrhein-Westfalen und auf Bundesebene, demonstriert.

Da sich die Erwartungen nicht nur nach dem absoluten Wert der Leistungen bestimmen, sondern ebenso sehr nach ihrem Wert im Verhältnis zu Leistungen an andere Gruppen, müssen die politischen Parteien einen optimalen »Leistungsmix« versprechen, um mehrheitsfähig zu werden. Zumindest innenpolitisch unterscheiden sie sich denn auch praktisch vor allem durch die unterschiedliche Zusammensetzung dieses Leistungsmixes. Gleichwohl befreit auch er die Parteien nicht von einem ständigen Dilemma. Schreiben sie die Erfüllung der Interessen bestimmter organisierter Gruppen fest, so führt dies bei begrenzten öffentlichen Einnahmen zur dauerhaften Enttäuschung anderer Gruppen. Die Wirkung ist desintegrierend. Die Enttäuschten wenden sich ab, protestieren oder verweigern sich. Sie betrachten den Staat nicht mehr als »ihren« Staat.

Bedienen die Parteien im sozialpolitischen Umlaufverfahren alle »politisch relevanten«, das heißt für ihre Mehrheitsfähigkeit bedeutenden Interessen, so erhöhen sie zwar die Integrationsfähigkeit des sozialen Systems. Sind die zur Verfügung stehenden Haushaltsmittel jedoch begrenzt, müssen die gewährten Leistungen widerruflich bleiben. Man muss sie einschränken oder aufheben können für den Fall, dass andere Aufgaben oder Interessen mit größerer Dringlichkeit auf Erfüllung warten. Der Kuchen muss, mit anderen Worten, in periodischen Abständen neu verteilt werden.

Das Dilemma nimmt zu, wenn die Regierung nur über eine geringe Mehrheit verfügt. Je kleiner die Mehrheit, umso größer der Einfluss der Grenz- und Wechselwähler, die über den Zugang zur Regierungsmacht entscheiden. Steigt in der Gesellschaft zugleich die Zahl organisierter, einander widersprechender oder neutralisierender Erwartungen an den Staat, so wächst die Gefahr, dass kleine Gruppen Wahlen entscheiden können. Bei Regierung wie Opposition verringert diese Gefahr die Bereitschaft, organisierte Erwartungen zu enttäuschen oder in bereits gewährte Leistungen einzugreifen. Mit anderen Worten: Der Einfluss der Grenzwähler wächst. Der Widerstand gegen die Erfüllung eines weiteren Gruppeninteresses sinkt. Die Versuchung, weitere Erwartungen auch dann zu erfüllen, wenn der dafür notwendige Aufwand aus dem vorhandenen Bruttoinlandsprodukt nicht gedeckt werden kann, nimmt zu. Die politische und ideologische Rechtfertigung für die vermeintliche Unabweisbarkeit solcher Ansprüche ist schnell zur Hand. Verhalten sich Regierungs- und Oppositionsparteien in der gleichen Weise, so muss es beiden Seiten unzumutbar erscheinen, anders zu handeln. Im Wettbewerb zwischen der Vernunft und der Aussicht auf die Macht ist die Vernunft selten überlegen, vor allem dann, wenn die Macht mit dem Versprechen angestrebt wird, man werde wieder vernünftig handeln, sobald man sie hat.

Diesem Dilemma können die politischen Parteien eines demokratischen Staatswesens im Grunde nur ausweichen, wenn es ihnen gelingt, beides zu tun: bereits gewährte Leistungen als Besitzstände dort zu respektieren, wo es politisch am »notwendigsten« ist, und gleichzeitig neue Erwartungen zu erfüllen. Voraussetzung dafür sind wachsende öffentliche Einnahmen und damit wirtschaftliches Wachstum. Wer überzeugt ist, nur die ständige Erfüllung neuer Erwartungen, die aus neuen Ungleichheiten entstehen, bei gleichzeitiger Wahrung vorhandener Besitzstände erlaube es, mehrheitsfähig zu werden oder zu bleiben, muss somit davon ausgehen, dass die modernen Demokratien nur unter der Bedingung eines stetigen und angemessenen Wachstums regierbar sind. Stagnation muss in dieser Sichtweise zur Gefährdung des sozialen Friedens, zur Unregierbarkeit und damit zur Bedrohung der Freiheit führen.

Daraus folgt: Der Wachstumszwang hat seine Ursache in dem Umstand, dass der Staat in großem Umfang für Leistungen an gesellschaftliche Sonderinteressen in Anspruch genommen werden *darf,* dass diese Leistungen deshalb auch *gefordert* werden und dass die Unterstützung der politischen Parteien im Wettbewerb um die Mehrheit davon abhängig gemacht wird, ob sie solchen Forderungen entsprechen.

Wichtig ist es in diesem Zusammenhang, einen Blick auf

die Funktionsweise organisierter Interessen zu werfen. Dass organisierte Interessen in einer offenen Gesellschaft eine unverzichtbare Aufgabe haben, ist allgemein anerkannt. Ebenso unbestritten ist das Recht der Bürger, sich zur gemeinsamen Wahrung ihrer Interessen zusammenzuschließen. Es ist verfassungsrechtlich geschützt. Tatsächlich erstreckt sich ein weitverzweigtes Geflecht von Organisationen, Verbindungen, Kooperationen und Koalitionen durch unsere ganze Gesellschaft. Es gibt ihr Struktur und Halt, macht sie überschaubar und in ihrem Verhalten vorhersehbar. Es schafft Gleichgewichte, ermöglicht Zusammenarbeit und erlaubt dem einzelnen Bürger, sich mit seinen eigenen Interessen in der Gesellschaft zu verorten. Das Netz gestaltet die gesellschaftlich organisierte Arbeits- und Aufgabenteilung. Es ist die Infrastruktur der Gesellschaft, ihr »soziales Gewebe«.

Dieses Gewebe der Gesellschaft ist ständig in Bewegung. Der Strom der Interessen, Forderungen und Erwartungen wird von den Organisationen kanalisiert und so überschaubar und steuerbar gemacht, aber auch kraftvoll in bestimmte Richtungen gelenkt. Wie überall gibt es auch hier Gemeinsamkeiten. Alle Organisationen sind daran interessiert, das von ihnen repräsentierte Interesse wirksam zu vertreten. Ihre Mitglieder engagieren sich, besuchen Veranstaltungen, wählen Funktionäre und bezahlen sie in der Erwartung, dadurch das gemeinsame Interesse zu fördern. Umgekehrt haben die Funktionäre ein Interesse daran, Funktionäre zu bleiben, Mitarbeiter zu beschäftigen, gesellschaftlichen Status zu erwerben und Einfluss auszuüben. Dazu müssen sie ihre Mitglieder zufriedenstellen, also Erfolge vorweisen können. So kommt es zu der für jede gefestigte gesellschaftliche Struktur typischen Wechselwirkung zwischen der Organisation und ihren Funktionären einerseits und den Mitgliedern und ihren Erwartungen andererseits.

Gesellschaftliche Organisationen konkurrieren jedoch auch miteinander, wie die Interessen der Bürger, die sie vertreten. Finden dabei Verteilungskämpfe zwischen ihnen statt, so ist das Ergebnis eine Frage ihrer relativen Macht, also eine »Machtfrage«. Der Tarifkonflikt ist das klassische Beispiel einer solchen Auseinandersetzung. Aber die Verteilung der gesellschaftlichen Chancen kann auch durch die Bildung von Koalitionen unter den einzelnen Gruppen beeinflusst werden. In der gesellschaftlichen Wirklichkeit lassen sich vielerlei Strategien und Verfahren entwickeln.

Besonders wirksam ist es jedoch, den Staat als Verbündeten der eigenen organisierten Interessen zu gewinnen. Er verfügt als Einziger über die Möglichkeit, das angestrebte Verteilungsergebnis anzuordnen. Er kann das Ergebnis gesellschaftlicher, aber auch privatrechtlich organisierter Verteilungskonflikte beeinflussen. Er kann im Rahmen der gesetzlichen Ordnung jedoch auch selbst umverteilen. Dies geschieht vor allem im Bereich der Sozialpolitik. Über Steuern, Beiträge, Gebühren und Abgaben kann er Mittel aufbringen und sie durch »Leistungen« an »Leistungsempfänger« wieder zur Verfügung stellen.

Wer in diesem Sinne den Staat zum Verbündeten hat, ist nicht darauf angewiesen, andere organisierte Interessen im gesellschaftlichen Verteilungskampf zu verdrängen oder ihre Positionen zu beeinträchtigen. Der Staat besorgt es für ihn. Betroffen ist zudem nicht ein anderes konkretes Sonderinteresse, dem etwas genommen wird. Betroffen ist in der Regel die Allgemeinheit. Nehmen und Geben erscheinen deshalb als zwei getrennte Vorgänge. Wo der Staat Steuern erhebt, um bestimmte gesellschaftliche Bedürfnisse zu befriedigen, sind die Vorgänge auch rechtlich getrennt. So wenden sich, soweit der Staat die Umverteilung selbst vornimmt, die Betroffenen auch regelmäßig nicht gegen die Begünstigten, sondern gegen den

Staat. Alle von der staatlichen Abgabe Betroffenen erwarten zudem, früher oder später auch etwas zu erhalten. Womit wir wieder beim Rundumverteilen sind, das den sozialen Frieden sichern soll, den Verteilungskämpfe sonst gefährden würden.

Dies bedeutet jedoch: Übernimmt der Staat selbst die geforderte Umverteilung, so übernimmt er auch die »Verantwortung« für das Ergebnis. Die gesellschaftlichen Organisationen, die die Umverteilung gefordert haben, tragen dagegen keine Verantwortung für die relative Verschlechterung der Lage anderer Interessen. Wohl aber beanspruchen sie die Verantwortung für die Verbesserung der Lage ihrer Anhänger. Allerdings müssen sie diesen »Erfolg« mit der Regierung oder den politischen Parteien teilen, die für diese »Leistung« ebenfalls Anerkennung und Unterstützung erwarten.

Mit dem Wegfall der Verantwortung für das Verteilungsergebnis bei direkter staatlicher Umverteilung entfällt auch die Zurückhaltung, die mit Verantwortung verbunden wäre. Werden die Verteilungskonflikte auf gesellschaftlicher Ebene ausgetragen, das heißt ohne direkte Mitwirkung des Staates, so sind die beteiligten Organisationen regelmäßig auf Koalitionen mit anderen organisierten Interessen angewiesen. Die Unterstützung anderer Verbände ist jedoch nur zu haben, wenn die Befriedigung des geltend gemachten Interesses Dritter und der Allgemeinheit vernünftig erscheint. Vor allem die öffentliche Meinung ist in solchen Konflikten ein wichtiger Schiedsrichter.

Müsste der Verband der Lehrer eine Gehaltserhöhung mit dem Verband der Eltern aushandeln, deren Kinder die Lehrer unterrichten, so wären die Vor- und Nachteile der Regelung gleichermaßen deutlich auszumachen. Wer zahlt und wer gewinnt, wäre eindeutig. Die Umverteilung fände direkt statt. Als Folge würden die Lehrer das Interesse der Eltern bei der Festsetzung ihrer eigenen Forderungen mit berücksichtigen, zumal

Lehrer auch selbst Eltern sind. Nutzen und Verantwortung würden ein Gleichgewicht suchen. Wird der Verteilungskonflikt in überschaubaren Einheiten ausgetragen, etwa in Gemeinden oder Landkreisen, dann spielen auch zwischenmenschliche Beziehungen eine Rolle. Schließlich will man auch nach der Auseinandersetzung noch miteinander reden und gemeinsam handeln können. Etwa dann, wenn es darum geht, von der Stadt die Erneuerung der Schule zu verlangen. Das Verfahren der Konfliktlösung sorgt zugleich für die Begrenzung des Konflikts.

Diese Begrenzung entfällt, wenn der Verteilungskonflikt verstaatlicht wird. Zwar zahlen noch immer die Eltern zusammen mit den Lehrern und allen anderen Steuerzahlern die Gehaltserhöhung. Aber eben in Form von Steuern an den Staat, der das Geld nicht für einen bestimmten Zweck, sondern für alle Aufgaben pauschal einzieht, für die er zuständig ist. Die Lehrer fordern die Erhöhung ihrer Gehälter nicht von den Eltern, sondern vom Staat, denn über die Gehaltshöhe wird im Parlament entschieden. Lehrer und Eltern sind in der glücklichen Lage, nicht nur weiterhin miteinander sprechen zu können, sondern auch ein gemeinsames Thema zu haben: den Unwillen gegenüber dem Staat.

Die Verstaatlichung der Verteilungskonflikte beseitigt so die Begrenzungen, die gesellschaftliche Gruppen bei der direkten Lösung von Verteilungsproblemen untereinander befolgen und die sich aus den Bedingungen des nichtstaatlichen Verfahrens der Konfliktentscheidung ergeben. Verantwortung und Rücksichtnahme auf die öffentliche Meinung und die Beurteilung des eigenen Verhaltens durch andere gesellschaftliche Gruppen begründen diese Begrenzung ebenso wie das wohlverstandene eigene Interesse.

Die Allgemeinheit belohnt auf Dauer den »sozialpflichtigen Einsatz« der autonomen Organisationen und »bestraft« die allgemeinwohlwidrige Durchsetzung von Sonderinteressen.

Die Sozialpflichtigkeit der Verbände ist eben nicht das Ergebnis direkter staatlicher Gebote und Verbote. Sie folgt aus einer intelligenten Ordnung, in der der Prozess der Bewältigung gesellschaftlicher Aufgaben und der Lösung gesellschaftlicher Konflikte abläuft. Aus der Ordnung dieses Prozesses ergibt sich die Bindung der beteiligten gesellschaftlichen Kräfte an das Wohl des Ganzen.

Betrachten wir die Wirkungszusammenhänge zwischen den verschiedenen Elementen der sozialpolitischen Umverteilung, dann können wir erkennen: Die durch die bestehenden Strukturen begründete Zuständigkeit des Staates für die Umverteilung und die Begründung neuer Leistungserwartungen macht es dem Staat – konkret: den Parlamenten – »politisch unmöglich«, nachdrücklich und mit politischem Gewicht vorgetragene und deshalb als »berechtigt« angesehene Forderungen abzulehnen. Das Parlament als Vertreter des souveränen Volkes verliert so die Fähigkeit, das Wohl des Ganzen gegen die Forderungen organisierter Interessen durchzusetzen. Es ist letztlich der drohende Verlust der inneren Souveränität, der den Wachstumszwang erzeugt.

Das bedeutet aber auch: Die Rolle des Parlaments als Vertretung des Volkes hat sich verändert. Die Abgeordneten sehen ihre wichtigste Aufgabe nicht länger in der Kontrolle der Ausgaben der Exekutive. Inzwischen sind sie selbst zur eigentlichen Ursache von Ausgabenwachstum, Überforderung des Staates und damit der Staatsverschuldung geworden. In der Bundesrepublik wurde dieser Wandel mit der ersten Großen Koalition eingeleitet. Zuvor hatte man, wie wir gesehen haben, Erhards Bemühung um die Stabilität des Haushalts durch Maßhalten der Lächerlichkeit preisgegeben.

Anfang der 1970er Jahre entdeckte der Bundestag dann die Armut des Staates. In ihr sah seine Mehrheit, angehalten durch den Kanzler Willy Brandt und die SPD, unterstützt durch die

Freien Demokraten, die eigentliche Ursache für die Unfähigkeit des Staates – und damit wohl auch für ihre eigene Unfähigkeit –, die dringendsten zusätzlichen staatlichen Aufgaben zu bewältigen. Wie immer schon lautete die Begründung auch hier, es sei politisch unmöglich, dem Gewicht der Ansprüche und Besitzstände mit Aussicht auf Erfolg zu begegnen. Deshalb die damaligen Diskussionen über die Macht der Verbände und mögliche Wege, sie gesetzlich zu begrenzen.

Diese Diskussion zielte auf das Bemühen, das Parlament vor der politischen Versuchung, immer neue Ansprüche zu befriedigen, durch die Begrenzung organisierter Sonderinteressen zu schützen, jedenfalls aber die politischen Kosten einer solchen Begrenzung zu senken. Eine gewisse Ähnlichkeit dieser Bemühungen mit den späteren, sich durch ein Verbot übermäßiger Staatsverschuldung selbst zu begrenzen, lässt sich nicht leugnen. Der erste Versuch wurde im Jahre 1969 mit der Ergänzung des Artikels 115 Grundgesetz unternommen. Er blieb praktisch wirkungslos. Seine Ausnahmeklausel: »gesamtwirtschaftliches Ungleichgewicht« wurde selbst dann in Anspruch genommen, als die Gesamtwirtschaft um rund zwei Prozent wuchs. Das Wachstum wurde offenbar nicht für ausreichend gehalten. Die »Wachstumslücke« zwischen realem und »notwendigem« Wachstum war zu groß.

Man kann daraus lernen, dass derartige Selbstbindungen das Begrenzungsproblem nicht aus der Welt schaffen, sondern nur in die Zukunft verschieben. Bis dahin werden die politischen Kosten seiner Bewältigung gestiegen sein: mit dem Quadrat der verlorenen Zeit. Wenn es um die Ursachen der Staatsverschuldung geht, sollte man bei dem Schwarze-Peter-Spiel um die Verantwortung diesen Sachverhalt nicht ganz außer Acht lassen. Ihn zu berücksichtigen und aus den bisherigen Erfahrungen mit Selbstbegrenzungen zu lernen, kann durchaus dazu beitragen, dass es der neuen Selbstbegrenzung des Parlaments in Gestalt der verfassungsrechtlich abgesicherten Schuldenbremse besser ergeht.

V

Markt- und Staatsversagen

Betrachten wir als Beispiel die jüngste schwere Finanzkrise. Ihr Ausgangspunkt lag in den Vereinigten Staaten. Ihr Auslöser waren sozialpolitische Entscheidungen der amerikanischen Regierung. Sowohl Präsident Clinton als auch sein Nachfolger Bush wollten dazu beitragen, eine amerikanische Vision zu verwirklichen: Alle, auch die weniger Bemittelten, sollten ein eigenes Haus erwerben können. Aus diesem Grund wurde eine Reihe staatlicher und gesetzlicher Maßnahmen ergriffen. Die amerikanische Zentralbank, die Federal Reserve, stellte das dafür notwendige Geld bereit. Halbstaatliche Hypothekenbanken wurden aufgefordert, auch solchen potentiellen Schuldnern Kredite zu gewähren, bei denen es unsicher war, ob sie die eingegangenen Verpflichtungen tatsächlich erfüllen konnten. Man nannte die Qualität dieser Hypotheken *subprime*.

Durch die Interventionen des Staates und die Bereitstellung großer Geldmittel durch die Zentralbank zu unwiderstehlich günstigen Konditionen verlor der Immobilienmarkt die Fähigkeit, seine wirkliche Funktion zu erfüllen: die tatsächlichen Risiken im Markt abzubilden und Käufer wie Verkäufer über die jeweiligen realen Bedingungen für ihre Geschäfte zu informieren. Tatsächlich bildeten die Märkte die Bedingungen ab, die durch staatliche und geldpolitische Interventionen geschaffen wurden. Das Bild war für potentielle Eigenheimbesitzer und ihre Finanziers außerordentlich günstig. Ein Bauboom wurde ausgelöst. Die Preise für die Häuser stiegen. Für den Eigentümer bedeutete die Preissteigerung seiner Immobilie die Möglichkeit, sein Haus zusätzlich zu beleihen. Die Hypothekenbanken waren bereit, die Illusion eines Vermögenszuwachses in die Realität zusätzlicher Belastungen und damit Kreditgewährungen umzusetzen.

So weit, so gut. Bis man sich entschloss, die entstandenen Hypothekenforderungen zu bündeln, sie mit anderen Forderungen besserer Bonität zusammenzufassen und, als Sträuße gebunden, in Gestalt von Finanzprodukten in Umlauf zu setzen. Diese »Vermögenswerte« wurden von anderen Banken oder Investoren erworben. Angesichts der günstigen Zinsen wurde der Erwerb der Vermögenswerte ebenfalls durch Kredite finanziert. Die ursprünglichen Schuldner, die zumindest mit dem eigenen Haus hafteten, kannten ihre Gläubiger nicht mehr. Ebenso wenig wussten die Gläubiger, wer ihre Schuldner waren. Zunehmend wurde es deshalb unmöglich, den Wert der Finanzinstrumente zu beurteilen, die in Umlauf gesetzt worden waren. Auch die Rating-Agenturen sahen sich immer weniger in der Lage, sie verlässlich zu bewerten. So beurteilten sie den Wert nach der Bonität der Bank, die die Instrumente als Wertanlagen an Kunden verkaufte oder auf andere Weise in Umlauf gebracht hatte.

Bis jemand die Bonität der »Produkte« ernsthaft nachfragte und sich herausstellte, dass niemand die Frage wirklich beantworten konnte, auch nicht Lehman Brothers oder die City Group. Das Vertrauen in die Bewertungen verflog. Die Finanzprodukte fanden keinen Markt mehr. Sie waren deshalb auch nichts mehr wert. Selbst eine werthaltige Sache verliert ihren Wert, wenn niemand mehr an ihren Wert glaubt. Es sei denn, der Investor hatte einen langen Atem und konnte darauf warten, dass der Markt sich wieder für die Produkte interessierte. Für die meisten war dies keine wirkliche Alternative. Sie hatten ihr Eigenkapital überfordert und sich zu günstigen Zinsen verschuldet, um am Gewinnspiel teilzunehmen. Die

Refinanzierung der Schulden, die sie eingegangen waren, um die so vielversprechenden »Finanzprodukte« zu erwerben, gelang ihnen nicht mehr. Mit der Lehman-Pleite brach das Gebäude der Illusionen zusammen.

Die Welle aus den Vereinigten Staaten erreichte Europa. Dort war die Versuchung unwiderstehlich, fast ohne Einsatz von Eigenkapital und dank billigen Euro-Geldes große Gewinne zu erzielen. Die Rating-Agenturen hielten das »Spiel« durch wirklichkeitsfremde, aus der bisherigen Bonität der Emittenten abgeleitete Bewertungen der »Produkte« in Gang. Auch der Staat war in Gestalt der Landesbanken dabei. Dublin wurde zum Paradies der Geldvermehrung. Alle hatten dort oder an anderer Stelle ihre »Zweckgesellschaften«. Sie mussten nicht in die Bilanzen der jeweiligen Muttergesellschaft aufgenommen werden. So fehlten dem Markt ausreichende Informationen über die wirklichen Risiken, die dem System innewohnten. Weder die staatlichen Institutionen, noch die Experten, noch die Agenturen intervenierten mit wirksamen Warnungen oder gar Maßnahmen. Alle schienen mit Blindheit geschlagen. Es war die Euphorie der Akteure, die ihren Verstand verdunkelte und ihn durch die Spielleidenschaft ersetzte. So lange, bis die ersten Akteure nicht länger an die Illusionen glaubten und die Realität erkannten. Das Vertrauen brach zusammen. Das Ganze war zu schön, um wahr zu sein.

Versagt haben in diesem Prozess nicht die Märkte. Denn nicht sie entscheiden über Kauf und Verkauf, über die Art der Instrumente, die angeboten werden, und über die Produkte. Sie machen die Geschäfte mit diesen Produkten möglich, aber sie kennen weder ihren wirklichen Wert noch ihre Vernunft. Wert oder Vernunft des Geschäftes zu erkennen ist Aufgabe und Verantwortung der Akteure. Sie reagieren auf Signale und Informationen, die ihnen Angebot und Nachfrage auf dem Markt in Form von Preisen liefern. Billiges Geld, Kredite praktisch ohne

Eigenkapital, Verzicht auf Sicherheiten, sozialpolitische Antriebe, Versagen der staatlichen Regulierung: sie alle haben zu den Entgrenzungen beigetragen, die zum Aufbau der Finanzkrise führten. Bis die Finanzmärkte unter den exponentiell wachsenden Spannungen und dem Gewicht der Illusionen zusammenbrachen.

Weil wir uns das alles nicht erklären können, fragen wir nach der Moral der Märkte. Aber die Märkte sind keine moralische Veranstaltung. Sie sind ein Prozess, ein Verfahren, dessen Aufgabe darauf begrenzt ist, Angebote und Nachfragen miteinander zum Ausgleich zu bringen und Informationen über die Preisbildung bereitzustellen. Diese werden wiederum von den Akteuren als Signal für ihre wirtschaftliche Tätigkeit verwendet. Wenn es um Moral geht, dann ist das Handeln von Menschen gefragt, nicht von Prozessen.

Wer in diesem Zusammenhang moralische Urteile fällt, hat sicher die Tatsache auf seiner Seite, dass sich viele Akteure von Gewinnvorstellungen leiten ließen, deren Dimension außerhalb unserer Vorstellungen von Angemessenheit liegt. Für die moralische Beurteilung ihres Verhaltens reicht dies nicht aus. Auch unter moralischen Gesichtspunkten muss berücksichtigt werden, welchen Anteil der Staat oder staatliche Institutionen an den Versuchungen hatten, die auf viele Marktakteure als unwiderstehlich wirkten. Doch kann auch der Staat als Institution nicht moralisch oder unmoralisch handeln. Auch hier sind es die Akteure und die Verantwortlichen, die letztlich für moralisches oder unmoralisches Verhalten verantwortlich sind.

Im Falle der Finanzkrise führt uns das zu der Frage nach der relativen Verantwortlichkeit beider – der staatlichen Akteure und der Akteure im Markt. Für mich gilt in diesem Zusammenhang eine Feststellung meines Lehrers Franz Böhm. Nach seiner Überzeugung darf der Staat durch sein Handeln keine

Versuchungen begründen, denen die Betroffenen nur unter ungewöhnlichen moralischen Anstrengungen widerstehen können. Mit anderen Worten: Der Staat ist verpflichtet, seine Gesetze und Regelungen so zu gestalten, dass sie derartige Versuchungen nicht erzeugen. Er darf sich nicht darauf verlassen, dass sein fehlerhaftes Handeln als Gesetzgeber durch übermäßige moralische Anstrengungen der Betroffenen unschädlich gemacht wird, indem sie den vom Staat begründeten Versuchungen widerstehen.

Für die Beantwortung praktischer Fragen nach möglichem Marktversagen heißt dies: Märkte werden dann versagen, wenn die »Spielregeln«, nach denen sie funktionieren, entweder fehlen oder unzureichend gestaltet sind. Im Falle der Finanzkrise war dies eindeutig der Fall. Zur Förderung ihres eigentlichen Anliegens hatte die Regierung der Vereinigten Staaten wesentliche Spielregeln außer Kraft gesetzt. Wie im Sport, in dem ebenfalls der Wettbewerb über die Qualität einer Leistung entscheidet, sind auch im Markt Spielregeln unverzichtbar. Ein Markt ohne Spielregeln ist wie ein Fußballfeld ohne Regeln für das Spiel, das auf ihm ausgetragen werden soll. Sollte jemand in diesem Spiel »gewinnen«, wäre dieser Gewinn nicht durch die Regeln legitimiert. Es wäre ein zufälliger Sieg.

Die Verweigerung von Spielregeln im konkreten Fall durch die Beteiligten, aus welchen Gründen auch immer, hat jedoch ebenfalls eine moralische Qualität. Denn die Spielregeln, ihre Durchsetzung oder notwendige Ergänzung sind weder die Folge von Zufällen noch das Produkt von Unwissenheit – obwohl es manchmal schwerfällt, daran zu glauben. Sie geschehen, um ein außerhalb der Märkte liegendes Ziel zu verwirklichen. Im konkreten Fall war es ein sozialpolitisches Ziel – oder die Erfüllung einer amerikanischen Vision. Aber die verwendeten Mittel waren offensichtlich untauglich. Das ändert nichts an der Bewertung eines übertriebenen Gewinnstrebens der Beteiligten. Nur sollten wir deren Verhalten nicht als schwere moralische Verfehlung bewerten, sondern eher als den Bruch einer für jede Gesellschaft unverzichtbare Regel. Sie lautet: So etwas tut man nicht!

Es war deshalb auch richtig – und zugleich unvermeidbar –, dass die beteiligten Staaten einspringen mussten, als das Vertrauen in die »Finanzprodukte« selbst unter den Banken zusammenbrach und mit ihm die Preise für nicht länger vertrauenswürdige Produkte oder die Nachfrage selbst. Sie mussten einspringen, um ihre Realwirtschaft zu schützen – nicht vor den Folgen eines Marktversagens, sondern vor den Folgen ihres eigenen Versagens. Sie mussten ihre eigenen Banken und damit die Funktionsfähigkeit ihrer Geld- und Kreditwirtschaft retten. So wurden die Staaten zu »lender of last resort«, zu den letzten verbliebenen leistungsfähigen Gläubigern. Es ist ihre Form der Haftung für ihr Fehlverhalten. Sie geben diese Haftung letztlich an ihr Volk weiter.

Bei der Eurokrise, die uns noch in anderem Zusammenhang beschäftigen wird, war dies anders. Hier sind die Staaten selbst betroffen. Sie kommen deshalb auch nicht mehr als »lender of last resort« in Frage. Sie müssen die Krise selbst bewältigen. Dass sich Spanien, Portugal, Griechenland oder Irland übernommen hatten, ist nicht durch die Märkte veranlasst. Die Staaten waren es, die ihre Staatspapiere auf den Finanzmärkten anboten, um neue Gläubiger zu finden. Sie brauchten neues Geld, um die Gläubiger zu bedienen, die vorher bereit gewesen waren, die Schulden dieser Staaten durch den Kauf von Staatspapieren zu finanzieren. Im Falle von Spanien mussten die eigenen Banken gerettet werden. Sie hatten sich durch die niedrigen Eurozinsen verführen lassen, mit Eurokrediten einen Bauboom zu finanzieren. Als die Blase platzte, gerieten sie in existentielle Schwierigkeiten. Der spanische Staat als »lender of last resort« musste sie befreien, wollte er nicht seine Binnenwirtschaft gefährden.

Um die Unterstützung finanzieren zu können, musste er wiederum seine Hilfe durch den Verkauf von Staatspapieren finanzieren. Dazu war er auf die Finanzmärkte angewiesen.

VI

Marktschelte und politische Verantwortung

Wie erinnern uns: Als die Finanzmärkte zusammenbrachen, waren die politischen Akteure, die Medien und zahllosen Artikelschreiber einer Meinung. Die Märkte haben versagt. Eine große Marktschelte setzte ein. Sie gefiel besonders denen, die von Märkten generell nichts halten. Denn der Wettbewerb auf den Märkten verhindert die Bildung von Wirtschaftsmacht, statt sie – wie häufig der Staat – zu fördern. Diese generelle Marktschelte ist inzwischen weitgehend abgeebbt; weniger aus Einsicht in ihre fehlende Rechtfertigung als schlicht der Not gehorchend. Denn im Rahmen der Eurokrise sind die bisherigen »lender of last resort«, also die Staaten, selbst auf die Finanzmärkte angewiesen. So wirbt man wieder um das Vertrauen der Märkte und hofft, dass ihre Akteure es nicht übel nehmen, zuvor als Schuldige für die Finanzkrise ausgemacht worden zu sein. Die Krise hätte es so nicht gegeben, hätten die politischen Akteure nicht versagt.

Dabei ist es vor dem Hintergrund der bisherigen Ereignisse nur vernünftig, wenn die Käufer jetzt genauer als bisher nach dem Wert der neuen Staatspapiere fragen. Können sie als Gläubiger Griechenlands, Portugals, Spaniens oder Irlands damit rechnen, den Kaufpreis für die Staatsanleihe nach fünf oder zehn Jahren wieder zurückzuerhalten? Wenn sie Zweifel haben, verlangen sie einen Risikozuschlag in Gestalt höherer als der ausgelobten Zinsen. Für den Staat wird die Finanzierung seiner bestehenden und der neuen Schulden dadurch teurer. Trotzdem bleibt er auch weiterhin auf die Finanzmärkte angewiesen. Denn nicht die Märkte sind es, die die Zinsen für die Staatsanleihen verändern, sondern die unterschiedlichen Einschätzungen der Risiken durch die, die sie eingehen, wenn sie Staatspapiere von Griechenland, Irland, Portugal oder Spanien erwerben. Die brauchen den Markt. Sie werden auf ihn auch für die kommenden Jahrzehnte angewiesen sein. Denn es ist nicht zu erwarten, dass die Staaten, die gegenwärtig Unterstützung für ihre »Schieflagen« auf den Finanzmärkten suchen, ihre Schulden in absehbarer Zeit aus eigener Kraft zurückzahlen könnten.

In Wirklichkeit haben die Finanzmärkte als funktionierende Märkte zwei wichtige Aufgaben erfüllt: Sie haben dank der freien Preisbildung signalisiert, dass das Publikum kein Vertrauen mehr zu den Finanzinstrumenten hat, die von Banken und Investmentinstitutionen angeboten wurden. Sie haben damit das weitere Aufblühen der Blase verhindert. Sie haben die Verantwortung der Akteure verdeutlicht, deren Produkte nicht länger verkäuflich waren. Dass sie nicht verkäuflich waren, haben nicht die Märkte zu verantworten. Die Verantwortung tragen diejenigen, die mit den Produkten gehandelt und sie gewinnbringend »an den Mann« gebracht haben; bis hinunter zu den Sparkassen, die sich auf die Rating-Agenturen mehr verließen als auf ihren geschulten Verstand oder ihre Intuition. Die Rating-Agenturen wiederum verließen sich auf die Bonität der Banken und diese auf das Urteil der Rating-Agenturen über die Emittenten der Produkte – ein Kreislauf wie bei jeder Blase – ein Kreislauf missbrauchten Vertrauens.

Von einem der letzten Chefs der City Group in New York wird berichtet, er habe im Sommer 2008 auf die Frage, was sein größtes Problem sei, geantwortet, er wisse nicht mehr, was seine Bank wert sei. Damals war sie eine der größten Banken der Welt. Es gibt sie nicht mehr. Der Chef hatte versagt, wie all die anderen auch, die darauf gesetzt hatten, die Gewinnbäume könnten in den Himmel wachsen. Ihr Verhalten war unmoralisch. Sie kannten die Situation und haben gleichwohl nicht nach ihren Einsichten gehandelt. Sie haben ihre Kunden falsch beraten. Sie haben sie damit betrogen.

Die Finanzmärkte dagegen haben die Schwachstellen aufgedeckt, die die Entwicklung der Blase erst möglich machten. Sie haben vor allem die Staaten gezwungen, das nachzuholen, was von vornherein ihre Pflicht gewesen wäre: den Märkten brauchbare Rahmenbedingungen vorzugeben und so ihren Aktionsbereich zu begrenzen, sei es durch Eigenkapitalerfordernisse, sei es durch nachprüfbare Formen der Transparenz hinsichtlich der Werthaltigkeit der Produkte, also angemessene Publizitätspflichten.

Unter den Verurteilungen der Finanzmärkte und deren Akteure durch die Regierungen und die Öffentlichkeit genoss der Vorwurf besondere Beliebtheit, die Akteure hätten die Finanzmärkte in Spielkasinos verwandelt. Dass es die Staaten waren, die mit ihrer Finanzpolitik, mit den Zentralbanken, den öffentlichen Kreditinstituten und ihrem Regierungshandeln die Kasinos erst eingerichtet haben, kommt ihnen nicht in den Sinn. Aber letztlich waren sie es, die die Spieler eingeladen haben, ohne die Gewinnchancen zu begrenzen. Auch dafür gilt: Wenn die Staaten unwiderstehliche Versuchungen begründen, handeln sie selbst unmoralisch.

Das eigentliche Problem jeder Marktbeschimpfung durch Regierungen und »die Politik« – mit freudiger Unterstützung durch die Presse – liegt in den Auswirkungen einer derartigen Marktkritik für die marktwirtschaftliche Ordnung selbst. Die Märkte für das Versagen der Finanzakteure verantwortlich zu machen, läuft auf die Flucht der politischen Akteure aus der Verantwortung hinaus. Mit dem Vorwurf eines Marktversagens als öffentlicher Begründung für die Finanzkrise wird aus falschem menschlichem Handeln höhere Gewalt. Ein Ereignis, auf das man keinen Einfluss hat und für dessen Folgen man deshalb weder direkt noch indirekt verantwortlich ist.

Es war das Unvermögen der politischen Akteure, das zur Krise führte. Mit dem Vorwurf, der Markt habe versagt, distanziert sich die Politik vom Markt als Institution. Sie stellt damit die Wettbewerbsordnung selbst in Frage. Das ist Wasser auf die Mühlen derer, die den Markt, wenn nicht ganz abschaffen, dann jedenfalls dem politischen Willen des Staates unterordnen wollen und seine Legitimation als Ort der Verwirklichung von Freiheit bestreiten. Sie bekämpfen die Autonomie, die der Wettbewerbsordnung als Folge dieser Legitimation gegenüber staatlicher Macht zuwächst und die sie vor willkürlicher Manipulation schützt. Sie beanspruchen für den Staat das Recht, über sie zu verfügen, sie zu begrenzen, in Teilbereichen außer Kraft zu setzen oder bis an die Grenze der Verletzung von Freiheitsrechten einzuschränken.

Die Ziele dieser Marktskeptiker ähneln dem Konzept einer »Planification« der Wirtschaftspolitik. Es wird seit den Beratungen über die Römischen Verträge in den 1950er Jahren immer wieder von Frankreich an die Europäische Union herangetragen. Würde man ihm folgen, käme dies einem Bruch mit dem Konzept der Sozialen Marktwirtschaft gleich. Ihre auf Freiheit gegründete Wettbewerbsordnung würde zu einer Veranstaltung des Staates verkümmern. Sie würde verstaatlicht.

Zwar wäre, auf unsere Fragestellung bezogen, der Widerspruch zwischen Wirtschaftsordnung und Sozialordnung damit überwunden: Vater Staat wäre gewissermaßen auf beiden Seiten der Zweiteilung als souveräner Gestalter präsent. Doch eine weitere Vermachtung unseres Gemeinwesens wäre die Folge. Denn die für die sozialpolitische Ordnung bestehenden zentralen und planwirtschaftlichen Strukturen würden sich noch leichter – und zunehmend selbstverständlicher – in den Bereich der Wirtschaft ausdehnen. Der Restbestand an Freiheit, der zu respektieren wäre, hätte kaum noch die Kraft, die Freiheit der Märkte zu schützen. Aus einer Ordnung, die der Freiheit dient, würde eine Ordnung, die dem Staat dient. Sie wäre nicht länger primär der Freiheit der Menschen verpflichtet, sondern der politisch definierten Fürsorge des Staates anheimgegeben. Vielen mag dies als der leichtere Weg erscheinen. Wir sollten für den schwierigeren eintreten. Wir haben die Wahl.

Was ergibt sich daraus für die Frage nach dem »Staatsversagen«? Zunächst: Gemeint ist nicht, dass der Staat generell als Ordnungsmacht versagt, also seine staatlichen Aufgaben insgesamt nicht mehr wahrnehmen, Sicherheit und Recht seiner Bürger nicht mehr gewährleisten kann. Wir haben es mit einem Versagen der politischen Institutionen in konkreten Sachverhalten zu tun, etwa der rechtlichen Ordnung der Märkte.

Für aufmerksame Beobachter war es bereits im Jahre 2004 erkennbar, dass die Finanzmärkte im Begriff waren, aus dem Ruder zu laufen. In dieser Zeit begannen einige Landesbanken, auch die bayerische und die sächsische, in Dublin und anderen Orten Zweckgesellschaften zu gründen und mit ihnen das große Geschäft zu betreiben. Die Summen, die sie bewegten, waren gewaltig, die Räder, die sie drehten, beängstigend groß. Ihre Schwungkraft erschien ungewöhnlich produktiv. Wer sie drehte, sah in ihnen die »cash cow« seiner Institution. Die Gewinne flossen reichlich. So sicher schien die Sache, dass man keine Veranlassung sah, eine angemessene Risikovorsorge zu treffen. Hätte man es versucht, hätten die Risikorücklagen den Gewinn aus den Geschäften aufgezehrt.

Aber keine Landesregierung, keine Aufsichts- oder sonstige Behörde des Bundes meldeten sich zu Wort, um Begrenzungen anzumahnen und durchzusetzen. Auch die Wirtschaftsprüfer warnten nicht. Anlässe waren reichlich vorhanden. Dies sind eindrucksvolle Beispiele für ein Versagen der politischen und wirtschaftlichen Eliten vor einer großen Verantwortung. In diesem Zusammenhang ist noch eine weitere Institution zu benennen, die auf ihre Weise zu den Ursachen der Krise beigetragen hat: die Wirtschaftswissenschaften und das, was sie in den Vereinigten Staaten ganzen Generationen von Absolventen der Business Schools mit auf den Weg gaben: die Lehre von der Fähigkeit der Märkte, Störungen ihres Gleichgewichts aus eigener Kraft zu überwinden. Sie beruht auf zwei zentralen Annahmen: Die Marktteilnehmer handeln stets rational und verfolgen stets ihre Interessen. Kraft der Vernunft und des eigenen Interesses der Akteure könnten sich die Märkte selbst begrenzen, also zu einem Gleichgewicht zurückkehren.

Ob diese Theorie auf Märkte für Güter und Dienstleistungen anwendbar ist, sei dahingestellt. Auf Finanzmärkte lässt sie sich schon deshalb nicht anwenden, weil sie sich von anderen Märkten in einem Punkt prinzipiell unterscheiden: Sie können sich nicht aus eigener Kraft zu Märkten mit gesättigter Nachfrage entwickeln. Die Nachfrage nach den »Produkten« Geld und Kredit, die auf Finanzmärkten gehandelt werden, ist theoretisch unbegrenzt. Im Unterschied zu Märkten für Güter oder Dienstleistungen kann man von diesen Produkten nie genug haben. Das heißt: Die Finanzmärkte sind, soweit es um ihre Gleichgewichtsfähigkeit und damit auch um ihre Begrenzung geht, auf Hilfe von außen angewiesen. Sie wird normalerweise von den Zentralbanken durch die Begrenzung der Geldmenge und die Zinspolitik sowie durch staatliche Regulierungen wie Eigenkapital-, Haftungs- und Publizitätsvorschriften und Genehmigungsvorbehalte für riskante Finanzprodukte geleistet. Um es am Beispiel des Kasinos zu illustrieren: durch die Begrenzung des Einsatzes.

Dass diese externen Hilfen nicht zur Verfügung standen oder vorhandene Instrumente abgebaut wurden, ist zweifellos in erster Linie ein Fall von Politikversagen. Aber die Wissenschaft hat dieses Versagen unterstützt – zum Teil erst möglich gemacht.

Mit ihren Theorien von der selbstregulierenden Kraft der Finanzmärkte hat sie denen, die die Begrenzungen nicht wollten, eine wissenschaftliche Begründung geliefert und ein gutes Gewissen. Die Folge waren entgrenzte Finanzmärkte. Die fehlende Selbstregulierung produzierte ein exponentiell wachsendes Ungleichgewicht. Unter seinem Gewicht brachen sie schließlich zusammen.

Die »Kurve des Jahres 2008« war der ständig steil aufsteigende Verlauf der Börsenkurse. Die Beteiligten wurden scheinbar reicher und reicher. Bis die Kurve fast senkrecht abstürzte und Menschen und Vermögen mit sich riss. Sie wurde von dem gleichen Schicksal ereilt, das jeder durch die exponentielle Entwicklung wirtschaftlicher oder gesellschaftlicher Sachverhalte ausgelösten Entgrenzung früher oder später blüht. Die Finanzmärkte erlebten ihre zerstörerische Wirkung. Viel gelernt haben wir daraus nicht.

Das Gedächtnis des Volkes, das uns in Märchen und Balladen begegnet, weiß um die Folgen der Entgrenzung. So in der Geschichte vom Fischer un sin Fru. Die beiden lebten in einer kleinen Kate. Eines Tages fing der Fischer einen Butt. Der war ein verwunschener Prinz. Als er um seine Freiheit flehte, schenkte der Fischer sie ihm. Seine Frau Ilsebill schalt ihn, weil er keine Belohnung verlangt hatte. So kehrte der Fischer zum Ufer zurück, rief den Butt und bat auf Geheiß seiner Frau um ein größeres Häuschen. Der Wunsch wurde erfüllt. Die Frau war beeindruckt. Aber bald erwachte in ihr das Verlangen nach mehr. Erst ein großes Haus, dann ein Schloss, dann ein Palast. Der Butt gewährte alles, bis die Frau der liebe Gott sein wollte. Da antwortete der Butt: Geh hin, du sollst wieder in deiner Kate wohnen.

Manchmal sollte man diese tief verwurzelten Volksweisheiten zu Rate ziehen. Doch bis heute sind wir nicht bereit, die Erfahrungen der Finanzmärkte auf unser exponentielles Wirtschaftswachstum zu übertragen. Sein Verlauf ist zwar weniger stürmisch. Aber angesichts seiner alles umfassenden Bedeutung wäre der Absturz aus seiner seit Jahrzehnten andauernden exponentiellen Steigerung ungleich gefährlicher. Die Wissenschaft ist mit ihrer herrschenden Meinung auch hier nicht hilfreich. Im Gegenteil: Sie bestätigt bis heute die Politik in ihrem Glauben an die angebliche Unverzichtbarkeit ständiger materieller Expansion. Sie ermutigt damit auch jene, die sich auf Wachstum angewiesen glauben, weil es ihr politisches Geschäft erleichtert, wenn es um die Verteidigung vorhandener Besitzstände geht und zusätzliche staatliche Leistungen gefordert werden – in der Regel zur weiteren Verwirklichung sozialer Gerechtigkeit.

Wer dabei vorgibt, zum Wohle der Leistungsempfänger zu handeln, legt sich keine Rechenschaft darüber ab, welche Folgen ein Absturz für seine Schützlinge hätte. Bezieht man die vorhersehbaren Folgen in die Bewertung politischen Handelns mit ein, dann fällt es schwer, dieses nicht auch unter moralischen Gesichtspunkten zu bewerten. Es ist schlicht unmoralisch, zu Lasten von Millionen von Menschen mit Zusagen und Erwartungen auf eine zukünftige Entwicklung zu spekulieren, die nach menschlichem Ermessen nicht stattfinden kann. Die Menschen spüren längst die Gefahren dieser Spekulation. Ihre Unruhe und ihr schwindendes Vertrauen in die sozialpolitischen Zusagen des Staates haben auch damit zu tun.

Siebentes Kapitel

Die europäische Dimension

Im Sommer 1958 wurde ich zum damaligen Rektor der Frankfurter Johann Wolfgang Goethe-Universität beordert. Es ging um meine Dissertation. Professor Coing war einer meiner akademischen Lehrer, ein gestrenger Herr und ein unbestechlicher Ratgeber. Ich habe manchen guten Rat von ihm erhalten. Er eröffnete das Gespräch mit den Worten: »Was an Ihrer Arbeit gut ist, wissen Sie selbst. Lassen Sie uns deshalb darüber reden, was noch verbessert werden kann.« Dem Rat, der in diesen Worten enthalten war – Lobe zuerst die Arbeit, aber mit Zurückhaltung, und wende dich dann ihren Mängeln zu, ohne damit die Leistung zu entwerten –, habe ich mich während meines ganzen Lebens zu folgen bemüht. So auch jetzt, wenn es um die Europäische Union und den Euro geht und damit um eine der wirklich großen Fragen unserer Zeit.

I

Der Weg zum Euro

Auch die Europäer wissen, was sie geleistet haben. Angela Merkel erinnerte daran, als sie am 5. Mai 2010 im Bundestag die Notwendigkeit begründete, über Griechenland einen Rettungsschirm auszubreiten und dem Land damit zu helfen, seine Existenz zu sichern. »Deutschland«, erklärte sie am Schluss ihrer

Rede, »lebt in der Europäischen Union in einer Schicksals-gemeinschaft. Ihr verdanken wir Jahrzehnte des Friedens, des Wohlstands und des Einvernehmens mit unseren Nachbarn. Der Krieg, der – nicht zuletzt durch deutsche Schuld – immer wieder Europa verwüstet hat, verschont unseren Kontinent inzwischen so lange wie nie zuvor in der jüngeren Geschichte.

Wir Bürgerinnen und Bürger Europas sind zu unserem Glück vereint. Für diese Überzeugung hat noch jede deutsche Bundesregierung – von Konrad Adenauer bis heute – gearbeitet. Wir arbeiten für ein starkes Europa, das seine Rolle in der Welt geeint und entschieden wahrnimmt, das seine Werte und Interessen selbstbewusst verteidigt. Das war, ist und bleibt Deutschlands und Europas Zukunft. Mit ihm schützen wir die Bürger unseres Landes, mit ihm treffen wir die notwendigen Entscheidungen für Deutschland und mit ihm leisten wir zu-sammen mit unseren Partnern in Europa unseren Beitrag für eine gute Zukunft Europas – denn es geht um die Zukunft Europas.«

Mit der Gründung der Montanunion vor sechzig Jahren be-gann die europäische Einigung – der erste Schritt zum dauer-haften europäischen Frieden. Die Römischen Verträge von 1957 schufen die Europäische Wirtschaftsgemeinschaft: Frank-reich, Italien, die Beneluxstaaten und die Bundesrepublik Deutschland waren die Gründungsmitglieder. Ihr wichtigstes Ziel war die Integration der Wirtschaft der teilnehmenden Län-der. Als Fundament des gemeinsamen europäischen Marktes wählten sie die Garantie der »vier Freiheiten«: Freizügigkeit der Menschen, der Güter, der Dienstleistungen und des Kapitals.

Die Aufgabe, die Wirtschaft in Europa zu integrieren, ist uns inzwischen gelungen. Nicht nur die sechs Gründungsmit-glieder, sondern die heutigen 27 Mitgliedstaaten des geeinten Europa bilden eine integrierte Wirtschaftsgemeinschaft. Ihre Menschen und Unternehmen sind durch ein dichtes Netzwerk fruchtbarer arbeitsteiliger Zusammenarbeit miteinander verbunden. Adenauer konnte schon während seiner Kanzlerschaft feststellen, dass der Zusammenschluss der Europäer Kriege auf dem Kontinent unmöglich gemacht habe. Heute ist die Wirtschaft nicht mehr nur eine Veranstaltung der Nationen, sondern eine Europas. Und ihre Netzwerke dehnen sich immer weiter aus, über die Grenzen Europas hinaus in die ganze Welt. Diese enge Verflechtung verhindert jeden denkbaren Versuch einer europäischen Nation, noch einmal gegen eine andere aufzurüsten.

Selbst wenn einige europäische Mitgliedstaaten auf die Idee kämen, Unternehmen zu verstaatlichen oder auf andere Weise durch Interventionen nationale Ziele zu verwirklichen, würde dies den einheitlichen europäischen Markt kaum berühren. Schaden würde sich nur das Land selbst und seinen Unternehmen, die auf diese Weise für nationale Interessen in Dienst genommen würden. Sie müssten weiterhin auf ihren Märkten im Wettbewerb bestehen oder aus dem Markt ausscheiden – zum Schaden der Arbeitnehmer und ihrer Region.

Mit der deutschen Wiedervereinigung im Jahre 1990 konnte auch die Einigung Europas endgültig vollzogen werden. Polen, die baltischen Staaten, die damalige Tschechoslowakei und die südosteuropäischen Länder hatten sich aus dem Machtbereich der Sowjetunion befreit. Nur ein Jahr später brach die Sowjetunion selbst auseinander. Russland kehrte nur teilweise in die Grenzen des alten Zarenreichs zurück. Teile dieses Reiches wie die Ukraine erwarben ihre Selbstständigkeit. Damit waren auch die Bedrohungen aus dem Osten entfallen. Der Kalte Krieg war zu Ende. Die ehemaligen Satellitenstaaten der Sowjetunion drängten nach Europa und unter den Schutzschirm der NATO. Der war ihnen, als Schutz vor Russland, zunächst oft wichtiger als der baldige Beitritt zur Europäischen Union.

Die politischen Gewichte in Europa begannen sich zu verschieben. Deutschland war jetzt nicht nur das bevölkerungsreichste, sondern auch das wirtschaftlich stärkste Land. Die Probe seiner Wirtschaftskraft lieferte es mit der Wiedervereinigung. Es gelang den Deutschen, die planwirtschaftlichen Strukturen der ehemaligen DDR umzubauen, Ost- und Westdeutsche in einer gemeinsamen Wirtschaft zusammenzuführen, jahrelang für diesen Prozess rund vier Prozent des Bruttoinlandsproduktes aufzuwenden und gleichwohl bereits nach sechs Jahren die Wachstumsdelle auszugleichen, die durch die Wiedervereinigung entstanden war.

Nicht alle unsere Nachbarn beobachteten diese Leistung mit Bewunderung. Bei einigen verstärkte sich der Wunsch, die Integration Deutschlands in Europa zu vertiefen. Der französische Staatspräsident François Mitterrand sah in einer europäischen Währungsunion den einzigen Weg zu diesem Ziel. Sie würde Frankreich aus der misslichen Lage befreien, seine Währungspolitik an der Deutschen Mark und der Politik der Deutschen Bundesbank ausrichten zu müssen. Vor allem die politische Unabhängigkeit der Bundesbank und ihre Bedeutung weit über die deutschen Grenzen hinaus waren für Frankreich ein Ärgernis.

Nach französischer Tradition sind Wirtschafts- und Währungspolitik nicht nur dem Primat der Politik unterworfen. Sie sind Instrumente der staatlichen Politik und dienen damit vorrangig nationalen Zielen. In Deutschland hat sich nach dem Ende des Krieges mit dem Konzept der Sozialen Marktwirtschaft eine andere Philosophie entwickelt. Unsere Wirtschaftsordnung ist prinzipiell eine Ordnung der Freiheit, nicht ein Produkt staatlichen Ermessens. Die Erfahrungen mit zwei inflationären Geldentwertungen haben uns gelehrt, die Stabilität des Geldes besonders hoch zu bewerten. Deshalb garantieren wir der Bundesbank als Hüterin der Währung politische Unabhängigkeit, auch in Krisenzeiten. Wir wollen nicht, dass der Wert unserer Währung politisch manipuliert werden kann. Diese verschiedenen Ordnungsvorstellungen sind schon in den vergangenen Jahrzehnten immer wieder deutlich geworden. Sie sind Ausdruck unserer beider – Deutschlands und Frankreichs – unterschiedlichen Geschichte und Wirtschaftskultur. Die Folgen dieser Unterschiede werden uns auch in Zukunft beschäftigen. Sie verdienen unsere besondere Aufmerksamkeit. Vor allem dürfen wir nicht zulassen, dass sie sich zu Machtfragen verdichten.

Die Initiative für eine europäische Währungsunion konnte sich auf zwei schon vorhandene Vorschläge stützen – auf den sogenannten Werner-Bericht aus dem Jahre 1970 und auf die Vorschläge des EU-Kommissionspräsidenten Jacques Delors, die er Ende der 1980er Jahre vorgelegt hatte. Rund ein Jahr nach der Wiedervereinigung Deutschlands verabredete man in Maastricht, den Gedanken der Währungsunion erneut aufzugreifen und diesmal in die Tat umzusetzen. Nicht nur der damalige Bundeskanzler Helmut Kohl und sein Vorgänger Helmut Schmidt waren überzeugt, es sei angesichts der veränderten Machtstrukturen in Europa wünschenswert, Deutschland endgültig in die europäische Integration einzubinden – irreversibel sozusagen. Auch andere, wie der Altbundespräsident Richard von Weizsäcker, teilten diese Auffassung.

Die Idee einer weiteren Integration der Bundesrepublik lieferte zwar keine währungspolitischen Argumente. Auch bestand nicht wirklich die Notwendigkeit einer weitergehenden politischen Einbindung Deutschlands in die Europäische Union. Deutschland war längst so tief und selbstverständlich mit der EU verwachsen, dass es ihm unmöglich gewesen wäre, sich aus dieser Bindung zu lösen. Auch die Bevölkerung hätte eine Renationalisierung nicht akzeptiert. Deshalb war es nicht ganz unproblematisch, die angestrebte Währungsunion mit dem Integrationsargument zu begründen. Ich jedenfalls habe mich als Deutscher und als sächsischer Ministerpräsident zunächst gegen das Misstrauen gewehrt, das mit dieser Begründung zum Ausdruck kam. Letztlich habe ich es aber mit Rücksicht auf unsere Vergangenheit akzeptiert.

Die Sorgen, die unsere Nachbarn angesichts der gewachsenen Stellung Deutschlands in Europa empfanden, sind mir auch in den ersten Jahren meiner Amtszeit als Ministerpräsident des Freistaates Sachsen begegnet. Botschafter dieser Länder, nicht nur aus Frankreich, sondern auch aus mittel- und osteuropäischen Staaten, die mich in Dresden besuchten, wollten wissen, wie ich die Gefahr einschätzte, die Deutschen könnten nach der Wiedervereinigung wieder Gelüste nach Dominanz in Europa entwickeln. Meine Antwort war eine Gegenfrage: »Können Sie sich vorstellen, Exzellenz, dass eine wohlhabende und alternde Bevölkerung gegenüber ihren Nachbarn Aggressionen entwickelt?« Keiner meiner Gäste glaubte das wirklich.

Der Beschluss von Maastricht, eine Europäische Währungsunion (EWU) einzurichten, kam überraschend. Die Öffentlichkeit war nicht darauf vorbereitet. Vor dem Vertragsabschluss gab es deshalb auch keine Diskussion über diesen so weitreichenden Schritt. Sie konnte sich erst nach der getroffenen Entscheidung entfalten. Als Antwort auf Bedenken gegenüber dem Versuch, die EWU ohne eine gemeinsame europäische Regierung zu schaffen, betonte die Bundesregierung bereits im Dezember 1991 den untrennbaren Zusammenhang zwischen EWU und politischer Union. Bundeskanzler Kohl bezeichnete im Bundestag im Dezember 1991 eine Währungsunion ohne eine politische Union als »abwegig«. Auch später ließ er keinen Zweifel an dieser Haltung.

Die Beschlüsse zur Währungsunion fanden im Rahmen eines Ratifikationsverfahrens statt. Dessen Ergebnis waren die Entschließungen von Bundestag und Bundesrat vom Dezember 1992 und eine Entscheidung des Bundesverfassungsgerichts aus dem Jahr 1993. Die Entschließungen von Bundestag und Bundesrat stimmten wörtlich überein. Beide Häuser wollten »die Besorgnis in der Bevölkerung über die Einführung einer gemeinsamen europäischen Währung ernst« nehmen. Beide sahen sich – im Hinblick auf diese Besorgnis – veranlasst, ihre Zustimmung zu den Maastricht-Verträgen mit ihren Entschließungen zu verbinden. Es müsse »alles getan werden«, um dieser Besorgnis der Bevölkerung Rechnung zu tragen. »Die Stabilität der Währung«, hieß es weiter, »muss unter allen Umständen gewahrt werden.«

Zu diesem Zweck beschlossen beide Häuser, dass die Entscheidung über eine Teilnahme an der dritten Stufe der EWU »nur auf der Grundlage erwiesener Stabilität, des Gleichlaufs der wirtschaftlichen Grunddaten und erwiesener dauerhafter haushalts- und finanzpolitischer Solidarität der teilnehmenden Mitgliedstaaten« getroffen werden könne. Sie dürfe sich »nicht an Opportunitätsgesichtspunkten«, sondern müsse sich »an den realen ökonomischen Gegebenheiten orientieren«. Die Kritierienerfüllung dürfe nicht nur statistisch gesichert werden, sondern müsse aus dem Verlauf des Konvergenzprozesses glaubhaft hervorgehen.

Bundestag und Bundesrat, so der Beschluss, werden »sich jedem Versuch widersetzen, die Stabilitätskriterien aufzuweichen«, die in Maastricht vereinbart wurden. Der Übergang zur dritten Stufe der EWU erfordere eine abschließende Bewertung durch den Bundestag respektive Bundesrat. Dieses Votum »bezieht sich auf dieselbe Materie wie die Bewertung des Rates der Wirtschafts- und Finanzminister und des Rates der Staats- und Regierungschefs«. Schließlich forderten Bundestag und Bundesrat von der Regierung die Zusage, dieses Votum den Vertragspartnern der Kommission und dem Europäischen Parlament mitzuteilen. Die Bundesregierung entsprach dieser Aufforderung.

Keine der Bedingungen wurde letztlich eingehalten. Tatsächlich beschränkte man sich in den Folgejahren auf die technokratischen Begrenzungskriterien: höchstens drei Prozent jährliche Neuverschuldung und höchstens eine Gesamtverschuldung von sechzig Prozent des BIP. Gesichtspunkte, die Auskunft gegeben hätten über die Stabilität und Belastbarkeit der Regierungen, der Parlamente und des demokratischen Prozesses, wurden ebenso wenig in die Bewertung einbezogen wie geschichtliche oder kulturelle Aspekte.

Dabei hätte eine Erweiterung der Bewertung auf sogenannte nichtmessbare Faktoren bei den Ländern nahegelegen, die sich gerade erst von zum Teil Jahrzehnte andauernden Diktaturen befreit hatten. Von ihren jungen Demokratien haushaltspolitische Stabilitätsleistungen zu erwarten, vor denen wesentlich ältere europäische Demokratien bereits kapituliert hatten, war zumindest leichtsinnig. Deshalb erscheint es auch eher billig, Griechenland und seine Regierung jetzt für ihre Unfähigkeit und den Versuch zu tadeln, bei der Berichterstattung über die Erfüllung der Konvergenzkriterien zu großzügig gewesen zu sein. Wer behauptet, diese Großzügigkeit sei nicht erkennbar gewesen, meint es mit sich selbst nicht ehrlich.

Im Jahre 1993 entschied dann das Bundesverfassungsgericht über die verfassungsrechtliche Zulässigkeit des Vertrages von Maastricht. Insgesamt ging es um die Frage, ob eine so weitgehende Übertragung von Souveränitätsrechten auf die Europäische Union mit dem Demokratiegebot der Verfassung zu vereinbaren sei. Soweit dabei die Prüfung der vereinbarten Währungsunion anstand, bezog sich das Gericht auf die erwähnte Entschließung des Bundestages. Dieser habe sich damit vorbehalten, die Einhaltung der Kriterien vor dem Eintritt in die dritte Stufe der Währungsunion Anfang 1999 abschließend zu bewerten. Dabei sei er durch den Vertrag nicht an eine feste Frist gebunden. Das vereinbarte Datum diene – erklärte der Repräsentant der Europäischen Kommission in der mündlichen Verhandlung – eher der Unterstützung der Mitgliedstaaten bei ihren Bemühungen um eine zügige Erledigung ihrer Aufgaben. So zu verfahren sei gängige Brüsseler Praxis.

Im Jahre 1997 beschloss der Bundesvorstand der CDU unter Vorsitz von Kanzler Kohl, die EWU dürfe nicht mit einer Beschäftigungs-Union verbunden werden. In einer gutachterlichen Stellungnahme zu den »Maastricht II-Verhandlungen« vertrat der Wissenschaftliche Beirat beim Bundesminister für Wirtschaft die gleiche Auffassung. Der Bundesbankpräsident betonte wiederholt, der Erfolg der EWU sei untrennbar mit der Entpolitisierung des Geldwesens verbunden. Andernfalls werde es statt zu einer Währungsunion zu einer »Konfliktunion« kommen. Allgemein wurde angenommen, die gemeinsame Währung sei durch die Verträge vor Politisierung geschützt. Mit Blick auf entsprechende Befürchtungen versicherte die Bundesregierung, die EWU werde in keinem Fall eine Transferunion nach sich ziehen; Deutschland würden keine höheren Belastungen als die derzeitigen EU-Beiträge erwachsen.

Im Juni 1997 fasste Kohl in einer Sitzung des Präsidiums der CDU das Ergebnis einer Aussprache über die EWU so zusammen: Eine Währungsunion ohne Politische Union mache keinen Sinn. Die Stabilität der Währung sei wichtiger als der Zeitplan. Daran habe sich nichts geändert. Die Entschließungen von Bundestag und Bundesrat aus Anlass der Ratifikation der Maastricht-Verträge müssten beachtet werden. Im Hinblick auf die Sorgen, man könnte die Kriterien aufweichen, fügte er hinzu: Drei Prozent müssen drei Prozent bleiben. Sollte es zu Veränderungen in Bezug auf die Realisierung des Euro-Projektes kommen, müsse Frankreich eingebunden werden. Deutschland könne nicht im Alleingang für eine Verschiebung oder Veränderung des Vertrages plädieren. An der Zielsetzung der europäischen Währung müsse festgehalten werden.

Je näher die endgültige Entscheidung über die Teilnehmer an der EWU rückte, umso intensiver wurde versucht, die Entschließungen von Bundestag und Bundesrat als reine Formalitäten erscheinen zu lassen, ohne Einfluss auf die längst beschlossene Einführung des Euro. Die Bundesregierung, die Koalition und die Opposition, aber auch werbende Banken und Unternehmen behandelten seine pünktliche Einführung bereits als vollendete Tatsache. Kritische Nachfragen nach der ehrlichen Einlösung der Kriterien im Sinne der Beschlüsse des Bundestages waren inzwischen »politically incorrect«. Sie wurden als Behinderung des europäischen Einigungsprozesses bewertet.

II

Europa am Scheideweg

Noch nie wurden die Grundlagen, Risiken und möglichen Folgen eines epochalen, auf Dauer und Irreversibilität angelegten politischen Vorhabens so erfolgreich tabuisiert wie im Falle der Europäischen Währungsunion. Ende 1997 setzte sich die Behauptung durch, eine Verschiebung der Beschlussfassung sei eine Vertragsverletzung und stünde nicht länger als Alternative zur Verfügung. Einer der Wortführer dieser Ansicht war der Luxemburger Ministerpräsident Jean-Claude Juncker. Er wusste, dass das Bundesverfassungsgericht diese Alternative ausdrücklich in seine Erwägungen zur Herrschaft des Bundestages über das Verfahren einbezogen hatte. Das hielt ihn nicht davon ab, vor einem Vertragsbruch zu warnen. Sein hohes Ansehen verschaffte seiner Warnung besonderes Gewicht.

Offenbar war er, ebenso wie der Bundeskanzler und andere, von der Sorge getrieben, das ganze Projekt könnte scheitern, wenn man seinen Beginn vertage. Die Mehrheit der deutschen Bevölkerung begleitete das Vorhaben mit Skepsis und lehnte die Europäisierung ihrer Geldverfassung ab. Um ihr Vertrauen hätten die Verantwortlichen mit ehrlichen Argumenten werben müssen. Tatsächlich aber wurde der Entscheidungsprozess, der zum Euro führte, weitgehend durch die europäischen Exekutiven und die Kommission gestaltet. Als er im Frühjahr 1998 wieder den Bundestag erreichte, war die Entscheidung längst durch die normative Kraft des Faktischen gefallen. Das Parlament war schon lange nicht mehr Herr des Verfahrens.

Aus deutscher Sicht beruhen die Verwirklichung der EWU und die Einführung des Euro materiell gesehen auf der Ratifikationsentscheidung des Bundestages von 1992. Nach Auffassung des Bundesverfassungsgerichts war diese Entscheidung jedoch wegen der Unbestimmtheit des weiteren Verlaufs der geplanten Währungsunion gerade nicht geeignet, die notwendige Souveränitätsübertragung zu bewirken. In der Sitzung des Bundesrates am 28. April 1998 verweigerte der Freistaat Sachsen aus diesem und zahlreichen weiteren Gründen der Einführung des Euro die Zustimmung.

Die gewünschte »irreversible« Einbindung Deutschlands war mit den Beschlüssen von Maastricht vollzogen. Das Verfahren bis zur endgültigen Entscheidung im Jahr 1998 war von dem Umstand geprägt, dass man den Prozess zeitlich limitiert hatte. Am 1. Januar 1999 trat die Währungsunion in Kraft.

In einigen der Mitgliedstaaten, die am Experiment der Währungsunion teilnahmen, stand die versprochene Haushaltsdisziplin jedoch auf tönernen Füßen. Obwohl die betroffenen Staaten politisch nur unzureichend erfahren waren, mussten sie die geforderten Begrenzungsleistungen ohne die Unterstützung durch eine europäische Institution leisten. Denn die Gründung einer bis zuletzt für unverzichtbar gehaltenen »Wirtschaftsregierung« war nicht gelungen.

In Wirklichkeit ging es bei dem Versprechen, die Währungsunion mit einer Wirtschaftsregierung zu verbinden, nicht um eine europäische Regierung im eigentlichen Sinne. Es ging um eine »Währungsregierung«, besser noch: um eine Begrenzungsinstitution. Ihre Aufgabe hätte es sein müssen, die Haushaltsentwicklung der Mitgliedstaaten aus der Gesamtheit der gegebenen Bedingungen zu beurteilen und Begrenzungen anzuordnen, die für die Stabilität der gemeinsamen Währung unverzichtbar waren. Wie sich inzwischen gezeigt hat, wäre eine derartige Institution für alle EWU-Mitglieder hilfreich gewesen, auch für Deutschland und Frankreich.

Tatsächlich wurde die zunehmende Staatsverschuldung der Euro-Mitglieder nach dem Inkrafttreten der Währungsunion nicht sonderlich ernst genommen. Angesichts der allgemeinen Überzeugung, die kommenden Jahre und Jahrzehnte würden durch ausreichendes Wirtschaftswachstum gekennzeichnet sein, glaubte man, mit dessen Hilfe die Defizite und Folgen von Fehlentwicklungen reparieren zu können. Man war überzeugt, das Wachstum werde auch die Schulden finanzieren.

Damit stoßen wir auch hier auf das Phänomen, das die gesamte hochindustrialisierte westliche Welt betrifft: die zur Ideologie verdichtete Überzeugung, angemessenes Wirtschaftswachstum sei dauerhaft möglich und nur mit ihm sei der soziale Friede zu sichern. Der aber gilt als die eigentliche Voraussetzung für die Funktionsfähigkeit der Demokratie. Dieser Zusammenhang gebietet, ein »ausreichendes« Wirtschaftswachstum auch durch staatliche Förderung zu gewährleisten – eine politische Rechtfertigung, Schulden zu machen und sich die politischen Kosten einer Stabilitätspolitik zu ersparen.

Die Wette, man könne eine Währungsunion erfolgreich organisieren und ohne eine wie immer geartete »Währungsregierung« die Stabilität des Geldes sichern, ist nicht aufgegangen. Der Euro ist in Gefahr. Nur die Interventionsbereitschaft der starken Mitglieder der Europäischen Union und des Internationalen Währungsfonds haben sein Scheitern bisher verhindert.

Deutschland findet sich dabei in einer besonderen Situation wieder. Sie ist nicht frei von Ironie. Denn es ist, wie seine Nachbarn wünschten, jetzt noch unwiderruflicher in Europa eingebunden, als es vorher schon war. Aber die Eurokrise hat ihm die Rolle als Europas wichtigster »lender of last resort« zugewiesen. Seine ökonomische Dominanz, die man europäisieren wollte, ist zur politischen Dominanz mutiert, die man verhindern wollte. Zum Glück, auch für Europa, hat Deutschland diese Rolle nicht gesucht.

Bundeskanzlerin Merkel hat sich in ihrer Regierungserklärung vom 5. Mai 2010 auch dazu geäußert: »Noch klarer wird die uns auferlegte Verantwortung, wenn wir uns vor Augen führen: Europa schaut heute auf Deutschland. Ohne uns und gegen uns kann und wird es keine Entscheidung geben, die nicht ökonomisch tragfähig ist und den rechtlichen Anforderungen sowohl mit Blick auf europäisches Recht als auch mit Blick auf nationales Recht in vollem Umfang Genüge tut. Mit einem Wort: Mit uns, mit Deutschland, kann und wird es eine Entscheidung geben, die der politisch-historischen Dimension der Situation insgesamt Rechnung trägt.«

Wenn wir dieser Verantwortung gerecht werden wollen – Deutsche wie Europäer –, müssen wir bereit sein, die wahren Ursachen der Fehlentwicklungen zu ergründen, vor deren Ergebnis wir heute stehen. Sie haben, genau betrachtet, Anfang der 1970er Jahre eingesetzt und sich mit der Jahrtausendwende nachhaltig verstärkt. Auch dürfen wir uns bei künftigen Entscheidungen über die wirtschaftliche und politische Entwicklung der Europäischen Union nicht mit der Begründung begnügen, es handele sich um *politische* Entscheidungen. Dahinter verbirgt sich entweder der Anspruch, nicht irren zu können, also über politische Allwissenheit zu verfügen, oder die Inkaufnahme eines Irrtumsrisikos, das kein Politiker eingehen darf. Beides verrät politische Arroganz.

Damit sind wir in den letzten Jahren nicht besonders gut gefahren. Deshalb müssen wir – drittens – bereit sein, uns mit den theoretischen Erkenntnissen über die Wirkungsweise gesellschaftlicher Institutionen und Prozesse respektvoll auseinanderzusetzen. Denn es ist nach den jüngeren Erfahrungen mit »politischen Entscheidungen« vorhersehbar, dass diejenigen, denen dieser respektvolle Umgang mit wissenschaftlichen Erkenntnissen fehlt, nicht länger die Autorität besitzen, eine skeptisch gewordene Bevölkerung von ihrer Politik zu überzeugen.

Nicht zuletzt müssen wir eine gemeinsame Antwort auf einige wichtige Fragen finden, die auf die europäische Agenda für die kommenden Jahre gehören: Brauchen die Mitgliedstaaten der Europäischen Union einen ordnungspolitischen Grundkonsens, wenn sie durch eine Währungsunion verbunden sind? Sollte dieser Grundkonsens dem eigentlichen Anliegen der Union entsprechen, dem Frieden und der Freiheit seiner Bürger zu dienen? Sollte er das Verhältnis der Freiheit der Bürger zu Gesellschaft und Staat zum Inhalt haben? Sollte er beinhalten, dass die Institutionen unseres gemeinsamen Wirkens dem Subsidiaritätsprinzip unterliegen? Und schließlich: Was bedeutet es, wenn dieser Grundkonsens nicht zu erzielen ist – und nicht einmal angestrebt werden soll? Nach welchen Grundsätzen soll dann in Europa entschieden werden? Wie gehen wir in diesem Fall mit Fragen um, die unterschiedliche Grundüberzeugungen berühren, sich also nicht ohne weiteres durch politische Kompromisse lösen lassen?

Werden diese Fragen nicht auf die eine oder andere Weise entschieden und werden die jeweiligen Entscheidungen dann nicht in den Institutionen, Zuständigkeiten und Verfahren Europas wirksam, dann wird es keine politische Union geben. Denn niemals werden die Völker Europas bereit sein, ihre geschichtliche, kulturelle, geistige und religiöse Substanz zu opfern, die ihre jeweilige Identität ausmacht. Sie werden diese Identität nicht aufgeben für angebliche administrative oder technokratische Erfordernisse, solange die Notwendigkeit eines Kompromisses mit Sachzwängen begründet wird, die in Wirklichkeit das Produkt der Unfähigkeit zur Begrenzung sind.

Wenn es tatsächlich, wie die Bundeskanzlerin in ihrer Rede feststellte, um die Zukunft Europas und damit um die Zukunft Deutschlands in Europa geht, dann müssen wir der außerordentlich großen Verantwortung gerecht werden, die die heutige Lage uns allen auferlegt. Denn, um noch einmal Angela Merkel zu zitieren, es gibt »Situationen, in denen erstens ohne historisches Vorbild, zweitens mit unmittelbarer Wirkung für den Augenblick und drittens mit weitreichender Wirkung für die Zukunft unseres Landes und Europas entschieden werden muss«.

Das heißt aber auch: Wichtige Fragen sollten nicht länger aus sachfremden Gründen und ausschließlich politisch entschieden werden. Deshalb gilt es, sich bei kommenden Entscheidungen Rechenschaft abzulegen über ihre Grundlagen und sich um die entsprechenden Erkenntnisse zu bemühen, ohne die nicht vernünftig entschieden werden kann. Anders wird die Bevölkerung niemals von der Notwendigkeit überzeugt werden können, die mit den Entscheidungen verbundenen Lasten zu tragen – selbst wenn der Erhalt Europas und seiner freiheitlichen Friedensordnung beschworen wird. Die Europäer haben in den zurückliegenden Jahren reichliche Erfahrungen mit dem nicht endenden Strom krisenbedingter Beschwörungen aus Brüssel und anderswo gemacht. Derartige »schicksalhafte Appelle« werden sie deshalb kaum noch beeindrucken. Sie wissen, dass sie in ihrem Europa als freie Menschen leben können, dass es weder untergeht noch von kriegerischen Gefahren bedroht ist – das Schönste im Übrigen, was man von Europa sagen kann. In dieser Gewissheit wollen und werden sie in ihren Dörfern, Städten, Regionen und Ländern in der Vielfalt leben, arbeiten, Familien gründen und füreinander da sein, die Europa ausmacht.

So hat es die überwältigende Mehrheit der Europäer gehalten, seit in Europa Frieden herrscht. So halten sie es auch heute. Um auch in Zukunft so leben zu können, brauchen sie keinen Vormund: weder in ihrem eigenen Land noch in Europa.

III

Der Turmbau zu Brüssel I: Die Lissabon-Agenda

Sind wir in Europa bereit für eine derartige Agenda? Ziehen wir dazu die beiden »Visionen« zu Rate, die uns die Europäische Kommission und der Europäische Rat seit der Jahrtausendwende präsentiert haben: die Lissabon-Agenda (oder -Strategie) der europäischen Staats- und Regierungschefs aus dem Jahre 2000 und die 2010 von der Europäischen Kommission vorgelegte und vom Rat beschlossene Agenda »Europa 2020«.

Bei der Lissabon-Agenda fällt als Erstes auf, in welchem Umfang diese europäische Vision durch die Wachstumsideologie dominiert wird. Denn nicht nur die deutsche Politik, auch die der Europäischen Union wird auf exponentielles Wachstum als dauerhafte Grundlage der europäischen Entwicklung eingeschworen. Das erschwert jeden Versuch, auf nationaler oder gar europäischer Ebene zu einer Änderung der eingefahrenen Denkstrukturen zu gelangen. Noch bedeutsamer ist jedoch der Umstand, dass alle Bemühungen scheitern müssen, der Begrenzungskrisen, unter denen fast alle EU-Mitglieder leiden, Herr zu werden, wenn ihre Ursachen durch die europäische Politik ständig aufs Neue in unsere Wirtschafts- und Sozialverfassung getragen werden. Aus diesem Grund ist eine nähere Beschäftigung mit der Einstellung der Europäischen Union zu Wirtschaft und Wachstum notwendig.

Die EU hat sich in einer kaum überschaubaren Fülle von Verlautbarungen, politischen Erklärungen und formellen Äußerungen der Kommission zu Fragen des Wirtschaftswachstums verbreitet. Unter ihnen sind mir bisher keine Ausarbeitungen begegnet, die sich kritisch mit der Frage befassen, ob angemessenes – das heißt aber exponentielles – Wachstum langfristig überhaupt möglich ist, ohne Wirkungen auszulösen, die unter keinen denkbaren Gesichtspunkten erwünscht sein können. Weiter fehlen nach meiner Kenntnis fundierte Antworten auf die Frage, ob eine langfristige Wachstumsstrategie für eine Region sinnvoll sein kann, die zu den wohlhabendsten und privilegiertesten der Welt gehört. Wahrscheinlich lässt sich der Mangel dadurch erklären, dass man auch auf europäischer Ebene kritiklos dem bloßen Vergleich relativer Wachstumsraten vertraut, ohne sich um den einzig aussagefähigen Vergleich zu bemühen: die absoluten Zuwächse des BIP pro Kopf. Diese Sicht wird sich nur durchsetzen und politisch relevant werden können, wenn es gelingt, nicht nur die deutschen, sondern auch die europäischen Denkbesitzstände aufzubrechen.

Lassen wir, schon aus Gründen der Ökonomie, unter den zahlreichen Einlassungen zum Thema die Beschlüsse des Europäischen Rates als Beispiel genügen. Diese Beschränkung rechtfertigt sich durch den Umstand, dass die Versammlung der Staats- und Regierungschefs der EU-Mitgliedstaaten das wichtigste politische Führungsgremium der Union darstellt.

Der Europäische Rat trat im März 2000, an der Schwelle zum 21. Jahrhundert, in der schönen Stadt Lissabon zu einer Sondertagung zusammen. Die Regierungschefs hatten sich vorgenommen, für die Union ein neues strategisches Ziel festzulegen, gewissermaßen eine europäische Vision für das 21. Jahrhundert. Es war ihre Absicht, Beschäftigung, Wirtschaftsreformen und sozialen Zusammenhalt in Europa als »Bestandteil einer wissensbasierten Wirtschaft« zu stärken. Angesichts der Herausforderungen der Globalisierung und der Wissensgesellschaft müsse »die Union ein klares strategisches Ziel setzen und sich auf ein ambitioniertes Programm für den Aufbau von Wissensinfrastrukturen, die Förderung von Innovation und Wirtschaftsreform und die Modernisierung der Sozialschutz- und Bildungssysteme einigen«.

Nach dieser Feststellung schritten die Regierungschefs zur Tat. Sie setzten der Union als Ziel für das kommende Jahrzehnt, sie »zum wettbewerbsfähigsten und dynamischsten wissensbasierten Wirtschaftsraum in der Welt zu machen – einem Wirtschaftsraum, der fähig ist, ein dauerhaftes Wirtschaftswachstum mit mehr und besseren Arbeitsplätzen und einem größeren sozialen Zusammenhalt zu erzielen«. Von der Durchführung der Maßnahmen, die der Rat beschloss, versprach er sich eine durchschnittliche wirtschaftliche Wachstumsrate von drei Prozent. Sie stelle eine realistische Aussicht für die kommenden Jahre dar.

Schon im Juni 1997 hatte der Europäische Rat in Amsterdam eine beschäftigungspolitische Strategie beschlossen. Zwar war man sich einig, dass die Beschäftigungspolitik eine nationale Angelegenheit sei. Aber nationale Maßnahmen allein reichten nach Auffassung der Regierungschefs nicht aus, um die unannehmbar hohe Arbeitslosigkeit in Europa zu verringern. Der Rat sah deshalb die Notwendigkeit »für ein positives und kohärentes Konzept« zur Schaffung von Arbeitsplätzen. 1998 erweiterte er dieses Konzept und verknüpfte es mit der Integration des Binnenmarktes.

Die Koordination der nationalen Wirtschaftspolitiken gilt seitdem als Vorbedingung »für wesentliche und dauerhaft höhere Beschäftigungsraten«. Mittels eines sogenannten Policy Mix sollen Beschäftigung und Wachstum vorangebracht werden. Auf seiner Zusammenkunft in Wien forderte der Rat »die Einbeziehung der Beschäftigungspolitik in alle relevanten Politikbereiche auf Gemeinschaftsebene«. Es gehe nicht mehr nur um Koordination. Erforderlich seien vielmehr nachprüfbare Zielvorgaben und das Setzen von Fristen auf europäischer und einzelstaatlicher Ebene. Gemeinsame Leistungs- und Politikindikatoren seien zu entwickeln.

Der Kampf gegen die hohe Arbeitslosigkeit führte so zur Expansion der europäischen Zuständigkeit. Der auf der Ratssitzung in Köln 1999 beschlossene Europäische Beschäftigungspakt war deshalb nur die logische Folge der in Aussicht genommenen Europäisierung der Beschäftigungspolitik. Mit ihm sollten »alle beschäftigungspolitischen Maßnahmen der Union in ein umfassendes Gesamtkonzept eingebunden« werden. Der Rat beschloss verschiedene Maßnahmen, »um eine nachhaltige nichtinflationäre Wachstumsdynamik freizusetzen«. Er nannte das Ganze den »Köln-Prozess«.

In Lissabon verdichtete sich die europäische Vision dann zu einer Fülle von Maßnahmen und Vorgaben. Vom Übergang in die wissensbasierte Wirtschaft erwartete der Rat »starke Impulse für Wachstum, Wettbewerbsfähigkeit und Beschäftigungsmöglichkeiten«. Kostengünstige Kommunikations-Infrastrukturen, die Bekämpfung des Analphabetismus oder Vorschriften für den elektronischen Geschäftsverkehr waren nur einige der Maßnahmen, mit denen Europa sich auf den »Übergang zu einer wettbewerbsfähigen, dynamischen und wissensbasierten Wirtschaft« vorbereiten sollte.

Schließlich entdeckten die Regierungschefs auch die Menschen als Europas wichtigstes Gut und stellten sie ins Zentrum der Politik. Wie weit die Ökonomisierung aller Politikbereiche bereits gediehen war, zeigte die Feststellung: »Investitionen in die Menschen und die Entwicklung eines aktiven und dynamischen Wohlfahrtsstaates werden von entscheidender Bedeutung sowohl für Europas Platz in der wissensbasierten Wirtschaft als auch dafür sein, sicherzustellen, dass die Heranbildung dieser neuen Wirtschaftsform die schon bestehenden sozialen Probleme Arbeitslosigkeit, soziale Ausgrenzung und Armut nicht noch verschärft.«

Die Entschlossenheit der Regierungschefs ist ebenso bewundernswert wie ihre Vorhaben: Europas Bildungs- und Ausbildungssysteme müssten sich auf den Bedarf der Wissensgesellschaft und die Notwendigkeit von mehr und besserer Beschäftigung einstellen. Die »Humankapitalinvestitionen« pro Kopf seien von Jahr zu Jahr substantiell zu steigern. Durch einen europäischen Rahmen solle festgelegt werden, welche neuen Grundfertigkeiten durch lebenslanges Lernen zu vermitteln seien. Ein gemeinsames europäisches Muster für Lebensläufe solle entwickelt werden. Solche Vorhaben sind von einer Haltung bestimmt, die von der Eigenständigkeit, Individualität und Würde des Menschen ebenso wenig übrig lässt wie vom Grundsatz der Subsidiarität.

Nur wenige Jahre später wurde eine »hochrangige Sachverständigengruppe« unter dem Vorsitz des früheren niederländischen Ministerpräsidenten Wim Kok beauftragt, die bisherige Umsetzung der Lissabon-Strategie zu bewerten. Das Gremium sah sich zu der Feststellung genötigt, Entwicklungen und Ereignisse außerhalb Europas seit dem Jahre 2000 seien der Realisierung der Ziele von Lissabon nicht förderlich gewesen. Doch liege es eindeutig auch an der Europäischen Union und ihren Mitgliedstaaten selbst, wenn sich Fortschritte nur langsam einstellten. Denn in vielen Bereichen sei es versäumt worden, die Reformen mit dem notwendigen Nachdruck voranzutreiben. Dass die Bilanz so enttäuschend ausfalle, sei auf eine überfrachtete Agenda, eine mangelhafte Koordinierung und miteinander im Widerspruch stehende Prioritäten zurückzuführen. Vor allem jedoch habe entschlossenes politisches Handeln gefehlt.

Dabei, so die Sachverständigengruppe, sei die Umsetzung der Lissabon-Strategie um so dringlicher geworden, als sich die Wachstumslücke im Vergleich zu Nordamerika und Asien ver-

zess zu verankern? Wie war es möglich, dass die in Lissabon versammelten Regierungschefs der Union eine Aufgabe stellten, an deren Erfolg sie schon deshalb nicht glauben konnten, weil sie in ihren eigenen Staaten eher das Gegenteil bewiesen?

IV

Zwischenbilanz I

Die Lissabon-Agenda war kein Ziel, sondern eine Gefahr für Europas Zukunft. Sie verlängerte das Denken des 20. ins 21. Jahrhundert. Sie sprach von wissensbasierter Wirtschaft, ließ aber an keiner Stelle erkennen, dass sie die Gesetze dieser Wirtschaft kannte – oder sich auch nur dafür interessierte. Sie ging unkritisch davon aus, dass es in der Wissensgesellschaft einen Zusammenhang zwischen Wachstum und Beschäftigung gibt – und ließ die Frage unbeantwortet, ob es ihn überhaupt geben kann. Sie stellte sich nicht die naheliegende Frage, ob es zulässig sei, den Zusammenhalt einer so komplexen Gemeinschaft von Staaten und Völkern mit all ihren Spannungen und Widersprüchen auf dem Fundament einer dauerhaft exponentiellen wirtschaftlichen Entwicklung zu gründen. Sie machte keinen Unterschied zwischen quantitativem und qualitativem Wachstum, obwohl diese Unterscheidung von entscheidender Bedeutung für eine Region ist, die nur in geringem Umfang über natürliche Ressourcen verfügt. Kurz: Die mit der Autorität der Regierungschefs und dem Pomp ihrer »Gipfel« vorgetragenen Ziele waren unbrauchbar. Der entschlossene Gestus ihrer Verkündung war hohl und überstand kaum die Rückkehr der Handelnden in ihre Hauptstädte.

Was schon damals mittel- und langfristig auf dem Spiel stand, war in der Tat die Zukunft der Europäischen Gemeinschaft und der Europäer. Aber schon damals ging es nicht um Wachstum und Beschäftigung. Jedes der beiden Ziele mag wichtig sein. Ihre Kombination ist instabil und deshalb keine verlässliche Grundlage für die Zukunft Europas. Die Kok-Kommission betonte ausdrücklich die Abhängigkeit der europäischen Wirtschaft von Entwicklungen, auf die die Europäische Union keinen Einfluss hat. Ein europäischer Zusammenhalt, der auch schwere weltwirtschaftliche Stürme und Rückschläge überdauern kann, erwächst nicht aus stetigem Wachstum oder der Koordinierung der Beschäftigungspolitik oder all den anderen Politiken, die von Gipfel zu Gipfel leidenschaftlich koordiniert werden, um kurz darauf wieder in den Fokus nationaler Interessen zurückzukehren. Er erwächst allein aus der Mission der EU, Frieden und Freiheit zu sichern, und aus dem, was Europa stark macht: seine Vielfalt, seine Geschichte, die ungebrochene Kraft seiner Kultur, die Menschen in aller Welt zu »Europäern« werden lässt, wenn sie mit ihr in Berührung kommen.

Die politische Führung in Europa wurde mit dem Bericht der Kok-Kommission aufgefordert, stärkeres politisches Engagement zu zeigen. Das ist in der Tat geboten. Aber nicht für dauerhaftes exponentielles Wachstum, sondern für die Entwicklung einer neuen Sicht der Dinge, eines Denkens, das uns die epochalen Veränderungen erkennen lässt, die uns und unser Leben beeinflussen. Ein Denken, das uns in die Lage versetzt, wieder zu den ordnungspolitischen Grundsätzen zurückzufinden, die an der Wiege der Römischen Verträge Pate standen. Sie drohen unter den Folgen entgrenzter Zuständigkeiten und einer ebenso entgrenzten Interventionspolitik verloren zu gehen, die auch die Lissabon-Agenda prägen. Unseren Kindern und Enkeln wird die hier geschilderte »Vision« europäischer Politik gänzlich unverständlich, um nicht zu sagen unsinnig erscheinen. Sie wird ihnen wie eine Art Wette gegen die Vernunft vorkommen: dass ein exponentielles Wirtschaftswachstum die dauerhafte Grundlage eines Gemeinwesens sein könne. Schon im Jahre 2010 mussten wir feststellen: Europa hat die Wette verloren. Die Wettschulden sind gewaltig.

Die eigentliche Gefahr der Lissabon-Strategie bestand darin, dass sie den Stabilitäts- und Wachstumspakt der Euro-Mitglieder der Europäischen Union praktisch aufhob. Woran bereits das deutsche Stabilitäts- und Wachstumsgesetz von 1967 gescheitert war, hatte sich 1995 auf europäischer Ebene wiederholt: die Verbindung des Stabilitäts- mit dem Wachstumsziel. Auch diesmal war es zunächst allein um die Sicherung der Stabilität der neuen Währung gegangen. Deutschland hatte seine Zustimmung zur europäischen Währung davon abhängig gemacht. Auch Frankreich wollte die gemeinsame europäische Währung, war aber zugleich entschlossen, seine expansive Wirtschaftspolitik fortzuführen, vor allem, um Beschäftigung zu sichern und nicht hinter der deutschen Entwicklung zurückzubleiben. Ohne Wirtschaftswachstum war dieses Ziel nicht zu erreichen. Die von den Deutschen angestrebte Stabilität hätte sich dabei als Hindernis erweisen können. Deshalb forderte Paris eine Erweiterung des Auftrags des Paktes. Er sollte nicht mehr nur der Stabilität der Währung, sondern auch dem Wachstum der Wirtschaft verpflichtet sein. In mühsamen Verhandlungen zwischen dem französischen Staatspräsidenten Jacques Chirac und Kanzler Kohl gelang es, einen Kompromiss zu finden. So wurde aus dem Stabilitätspakt ein Pakt für Stabilität und Wachstum. Er wurde 1995 durch den Rat in Dublin beschlossen.

Später bemühte sich Frankreich um eine weitere Ergänzung des Paktes, diesmal zugunsten der Beschäftigungspolitik. Es sollte deutlich werden, dass das Stabilitätsziel einer durch Wachstum geförderten Beschäftigungspolitik nicht im Wege stehen werde. Man einigte sich schließlich darauf, den Pakt für Stabilität und Wachstum nicht zu verändern und dafür einen europäischen Beschäftigungspakt zu vereinbaren. Dank dieser

Prioritätsentscheidung für Wachstum und Beschäftigung wurde der Stabilitätspakt, der die Währung sichern sollte, bis zur Unkenntlichkeit aufgeweicht. Die Stabilität der Haushalte wurde einer Politik geopfert, die weder Beschäftigung sichern, noch Wohlstand und Gerechtigkeit mehren konnte.

Wieder zeigt sich: Das heutige Denken kann nicht bewirken, was es verspricht. Der Jugend versperrt es den Weg zu den europäischen Zielen, für die sie sich begeistern will. Vielleicht ist es Zeit für eine neue Bewegung, die um der europäischen Einheit willen Grenzpfähle und Schranken zerbricht. Nicht geographische Schranken wären diesmal zu überwinden, sondern die Schranken und Barrieren, die uns noch immer von den Erkenntnissen und Einsichten trennen, welche das 21. Jahrhundert bestimmen werden. Es wäre eine große Aufgabe für die heranwachsende Jugend. Sie könnte sich auf diese Weise ihr Europa des 21. Jahrhunderts erobern.

Lassen wir, wenn es um den künftigen Weg der Jugend geht, noch einmal die Bundeskanzlerin zu Wort kommen. Vielleicht in Anlehnung an die Fabel von Herakles am Scheidewege beschreibt sie die Wahl, vor der Europa steht: »Europa muss sich entscheiden, ob es den Weg der Vergangenheit fortsetzen will. Dieser Weg bestand zu oft darin, dass Probleme selten beim Namen genannt wurden. Dass sie in der Folge nicht konsequent genug angegangen wurden. Dass zu oft gehofft wurde, es werde sich alles schon regeln und irgendwie gutgehen.«

Mit anderen Worten: Europa muss sich entscheiden, ob es der süßen Versuchung des »Weiter so« nachgeben will, der Lust an Besitzständen und ihrer Macht, dem Wohlgefühl eingefahrener Gleise, der Bequemlichkeit wohlfahrtsstaatlicher Vormundschaft, der »Befreiung« von der Last eigener Verantwortung durch fürsorgliche Ökonomen, die ihm die Sorge der Verschuldung nehmen und eine behagliche und behütete Zukunft versprechen, in der es die anderen sind, die die Leistungen erbringen.

178

Oder ob es sich für die Last entscheidet, mit sich und seiner Lage ehrlich umzugehen, sich von der Droge der Verschuldung und der Wachstumsideologie zu befreien, den Bürgern nicht nur Freiheit, sondern auch die damit verbundene Verantwortung zuzumuten, den Nachkommen Gerechtigkeit zu gewähren und sich zu diesem Zweck Beschränkungen aufzuerlegen, kurz, mehr Bescheidenheit walten zu lassen. Dafür müssen wir arbeiten. Wir haben die Wahl!

Es wird ein steiniger Weg werden, unbequem und voller Schwierigkeiten. Nichts ist anstrengender – und mit höheren politischen Kosten verbunden – als die Überwindung herrschender »Denkbesitzstände«, der Abschied von der Illusion eines ständig wachsenden Wohlstands, wenn man in der Welt schon die höchsten Höhen erreicht hat. Nichts verlangt mehr Mut und Kraft als die selbst gewählte Befreiung von der Sucht nach einem ständig steigenden Wachstum, das längst seinen Sinn verloren hat. Die Krise wird uns dabei helfen, ihn zu gehen. Denn in Wirklichkeit ist sie nichts anderes als eine Aufforderung, uns für den Weg zurück zur Vernunft zu entscheiden.

V

Europäische Entgrenzungen

Ehe wir nun nach der europäischen Wirklichkeit fragen und nach den Entscheidungen, die wir von Brüssel erwarten können, noch einige Anmerkungen zu unserem politischen, wirtschaftlichen und kulturellen Standort zu Beginn der zweiten Dekade des 21. Jahrhunderts. Es wird sich zeigen, dass beide Krisen – die der Finanzmärkte und die der EWU – Phänomene eines allgemeineren Problems unserer hochentwickelten Wohlstandsdemokratien sind: Sie sind anfällig für Entgrenzungen. Sie haben Schwierigkeiten, Entgrenzungen zu verhindern oder

Prozesse, die aus dem Ruder laufen, wieder einzufangen, also zu begrenzen. Dies gilt für Deutschland wie für Europa. Man kann es auch so nennen: Sie haben Probleme mit ihrer Governance, konkret: mit den Strukturen und Verhaltensweisen ihrer Regierungssysteme.

Nehmen wir an, wir könnten uns in Europa auf Folgendes verständigen: Wir haben über unsere Verhältnisse gelebt. Wir werden von Fehlentwicklungen der Vergangenheit eingeholt, die sich nicht mehr verbergen lassen. Wir müssen sie aufdecken und schonungslos analysieren. Wir müssen aus den gewonnenen Erkenntnissen Folgerungen ziehen. »Wir«, das sind wir Deutsche, wir Europäer – und die Europäischen Institutionen.

Was nun sind die Fehlentwicklungen? Fragen wir nach den Ursachen der Krisen, dann stellen wir fest: Auch ihre Wurzeln reichen bis in die 1970er Jahre zurück. Seitdem haben die Deutschen, die Europäer und die westliche Welt zunehmend über ihre Verhältnisse gelebt. Obwohl der Wohlstand ständig zunahm, stieg die Staatsverschuldung in fast allen europäischen Ländern kontinuierlich an. Man stellte Wechsel auf die Zukunft aus und versprach, sie später einzulösen. Dazu ist es bis heute nicht gekommen. Denn alle scheuen die politischen und gesellschaftlichen Anstrengungen, die mit jedem Schuldenabbau verbunden sind. Deshalb ziehen wir die Wechsel auf die Zukunft unserer Kinder und Enkel. Ob die eines Tages bereit sein werden, sie einzulösen, wissen wir nicht. Verlangen können wir es nicht.

Es gab in der Vergangenheit kaum Anstrengungen, Europa auf die Chancen, Risiken und Probleme vorzubereiten, die die Welt von heute bereithält. Eine Welt, in der Vieles besser, aber noch weit mehr einfach anders geworden ist. Die Europäer haben diese Welt zwar mitgestaltet, aber mit ihrem hergebrachten Denken finden sie sich in ihr immer weniger zurecht. Ihre überholten Strukturen passen nicht länger in die neue Wirklichkeit.

Dieser Widerspruch ist zwar vielen nicht verborgen geblieben. Doch der Erhalt überholter Besitzstände schien wichtiger zu sein: im Arbeitsmarkt, in den sozialen Systemen, letztlich in unserem Denken. Altes Denken zu überwinden ist anstrengend. Vorhandene Strukturen und ihre Besitzstände abzubauen, um Raum für neues Denken und neue Strukturen zu schaffen, ist mit hohen politischen Kosten verbunden. Deshalb hielten wir es für politisch unmöglich, zumindest für zu riskant, den Versuch zu wagen. So wuchsen die Widersprüche zwischen den überkommenen Besitzständen und den Notwendigkeiten der neuen Wirklichkeit.

Eine Studie der Friedrich-Ebert-Stiftung aus dem Jahre 2008 stellt fest, die Akzeptanz des demokratischen Systems werde vielfach mit der Gewährleistung materiellen Wohlstands verknüpft. Das Gefühl, der eigene Wohlstand sei gefährdet, münde häufig in Demokratieverdrossenheit. Damit »steht und fällt die Zustimmung zur demokratischen Verfasstheit mit dem Wohlstand«. Das heißt aber auch: Wenn das Wachstum nicht ausreicht, um Vollbeschäftigung, soziale Gerechtigkeit und Wohlstand zu sichern, dann muss der Staat mit wachstumsfördernden Maßnahmen eingreifen. Bis heute werden diese Maßnahmen in fast allen europäischen Staaten durch Schulden finanziert. Das erklärt, dass mit steigendem Wohlstand auch die Staatverschuldung anstieg. Man sieht bis heute darin keinen Widerspruch. Schließlich stabilisiert das Wachstum auch die demokratische Ordnung.

Ermutigt durch die wachsende Verschuldung des Staates und durch eine Politik des billigen Geldes wuchs auch die Verschuldung der Unternehmen und der Privathaushalte. Ratenzahlungen, Kreditkarten, Hypotheken praktisch ohne Eigenkapital wie in den USA, entwickelten sich zu Wachstumstreibern. Sie kamen nicht zuletzt auch den europäischen Exporten zugute. Die Finanzkrise und die Krise des Euro erinnern uns jetzt daran, dass diese Politik an objektive Grenzen gestoßen ist. Wozu politische Vernunft nicht in der Lage war, das erreichen jetzt der Zusammenbruch der Finanzmärkte und die Bedrohung der EWU.

Die Krise hat das Kommando übernommen. Sie hat eine entgrenzte, aus den Fugen geratene Entwicklung abrupt abgebrochen: erst in den Finanzmärkten, dann in der Realwirtschaft und schließlich in der EWU selbst. Das macht die eigentliche Bedeutung der Krise aus. Sie zwingt uns zu einem Paradigmenwechsel. Er wird uns auf Jahre in Atem halten. Seine Folgen werden unumkehrbar sein. Kein vernünftiger Weg führt mehr zurück zum »wie bisher«. Die politischen und wirtschaftlichen Ziele der Vergangenheit haben sich als irrational erwiesen – und unvereinbar mit unserer gegenwärtigen und künftigen Wirklichkeit.

Drei Prozesse haben in gegenseitiger Verstärkung zur europäischen Krise geführt: die herrschende Wachstumspolitik, die steigende Staatsverschuldung und die wachsenden Zukunftsbelastungen durch die Ausbeutung der Umwelt und der begrenzten Vorräte der Erde – und dies bei einer weiter anwachsenden Weltbevölkerung und deren Erwartungen an die Zukunft.

Allen drei Prozessen ist gemeinsam: Sie beginnen in den 1970er Jahren und verlaufen seitdem exponentiell. Exponentielle Entwicklungen sind nicht stabil. Sie sind Ausdruck eines Ungleichgewichts, das durch Entgrenzungen entsteht. Diese werden angetrieben durch sich selbst verstärkende Wirkungen: Je mehr sie sich beschleunigen, umso instabiler wird die von ihnen befallene Ordnung. Wird das Ungleichgewicht zu groß, brechen die Ordnungen zusammen. Ihr Wachstum verliert die Fähigkeit, das Gleichgewicht aus eigener Kraft wieder herzustellen. Darin liegt die eigentliche Gefahr der Entgrenzung. Mit dem Zusammenbruch der Finanzmärkte im Jahre 2008, der anschließend drohenden Zahlungsunfähigkeit Griechenlands und weiterer europäischer Staaten und der Eurokrise ist sie akut geworden.

Die Krise hat uns gezeigt: Unter dem Einfluss ständig steigenden Wohlstands haben unsere Staaten die Fähigkeit verloren, sich zu begrenzen. Wir haben über unsere Verhältnisse gelebt und durch unsere immer höheren Ansprüche zu dieser Entgrenzung beigetragen. Jetzt suchen wir nach einer Antwort auf die Frage, wie wir sie überwinden können. Sie gehört auf die europäische Agenda. Auf der Agenda des Bundestages steht sie bereits.

Europa wird diese Frage stellen und unter den Bedingungen der Globalisierung des 21. Jahrhunderts beantworten müssen. Denn die Auswirkungen der Krise werden verstärkt durch die Tatsache, dass die Europäer sich die Erde mit sieben Milliarden und bald schon deutlich mehr Menschen teilen müssen. Auch diese Wirklichkeit stellt uns vor bislang nicht bekannte Herausforderungen. Unsere Art zu leben ist nicht verallgemeinerungsfähig. Aus der Sicht der überwiegenden Mehrheit der Menschen sind wir privilegiert – vom Hartz-IV-Empfänger bis zum Großverdiener.

In der Ordnung der Welt ist dieses Privileg nicht als Dauerzustand vorgesehen. Es wäre deshalb nützlich, wenn die zahlreichen Wohlstandsökonomen, die am Turmbau zu Brüssel so eifrig mitwirken, diesem Sachverhalt größere Aufmerksamkeit widmeten als dem Aufbau eines »einzigartigen Sozialmodells« für Europa. Die Milliarden in Armut lebenden Menschen auf dieser Erde, die in unseren Strategien eher als Fußnote Erwähnung finden, werden es ihnen danken.

Bisher haben die Europäer nicht wirklich verstanden, warum sie ihre Lebensweise ändern sollten. Warum es nicht ausreicht, den Armen dieser Erde mit Almosen zu helfen, die weniger als ein Prozent des europäischen Wohlstands betragen. Warum es nicht so bleiben kann, dass sich die Länder des Westens – nur rund elf Prozent der Weltbevölkerung – den nach wie vor größten Anteil an den Ressourcen der Erde sichern. Warum es ungerecht und letztlich unmoralisch ist, auch weiterhin nach grenzenlosem Wachstum von Wirtschaft und Wohlstand zu streben. Warum es für die soziale Gerechtigkeit auf Erden von Bedeutung ist, dass das europäische BIP pro Kopf bei einem Prozent Wachstum pro Jahr um 300 Euro, in China um 33 Euro und in Afrika um 20 Euro zunimmt.

Mit jedem Prozent Wachstum lassen die Europäer nicht nur die große Mehrheit der Weltbevölkerung immer weiter hinter sich. Sie nehmen zugleich einen immer größeren Anteil der Ressourcen der Erde in Anspruch, die auch die Erde der anderen ist. Sie tun dies nicht, weil sie alle diese Produkte dringend benötigen. Vieles konsumieren sie nur – und werden dazu unter großem Aufwand angehalten –, um die eigenen Arbeitsplätze zu sichern.

Im 19. Jahrhundert waren diejenigen, die in den Stadtvillen und Landgütern wohnten, unfähig, die wahre Bedeutung der Forderungen zu erkennen, mit denen die »Proletarier« um ein menschenwürdiges Leben kämpften. Fast ein Jahrhundert dauerten die Auseinandersetzungen und Kämpfe um die Große Soziale Frage jener Epoche. Erst nach dem Ende des Zweiten Weltkriegs gelang es im Westen Europas, die Soziale Frage mit der Ordnung der Sozialen Marktwirtschaft in einer der Würde des Menschen gemäßen Weise zu beantworten.

Heute stehen wir vor der Globalen Sozialen Frage. Diesmal sind wir die Privilegierten, die in den Villen wohnen. An uns liegt es, aus der Vergangenheit zu lernen und aktiv politisch zu gestalten, was sonst über uns Macht gewinnen und unsere Wirklichkeit gestalten wird – ohne Rücksicht auf Freiheit und soziale Gerechtigkeit. Wenn wir nicht vom handelnden Subjekt zum Objekt der neuen Wirklichkeit werden wollen, müssen wir unser Denken und Handeln an dieser neuen Wirklichkeit ausrichten. Darin liegt die eigentliche Herausforderung der Globalisierung.

Wir können sie bestehen, ohne uns in Not und Elend zu verstricken. Dazu müssen wir bereit sein, den steinigen Weg der Veränderung zu gehen, der zu einer Ordnung in Europa führt, die nicht auf ständige Expansion angewiesen ist; in der die persönliche Freiheit Vorrang hat vor den Gängelungen der Vormünder, Verwalter und Bürokratien – die zu dienen berufen sind, nicht zu herrschen. Wir sollten diesen Weg aber auch um des Nutzens willen gehen, den das Gemeinwesen als Ganzes aus einer freiheitlichen und sozial verpflichteten Ordnung zieht, die den neuen Realitäten der Welt gerecht wird.

Das heißt: Wir müssen die Angst vor dem Unbekannten überwinden und die heutigen Herausforderungen annehmen – ohne Rücksicht auf überholte Besitzstände und bestehende Strukturen, wenn sie uns daran hindern, unsere politische und gesellschaftliche Ordnung und damit unser Leben, aber auch unser Denken an die veränderten Wirklichkeiten anzupassen. Die notwendigen Veränderungen werden weit über das hinausreichen, was wir bisher für vorstellbar und politisch umsetzbar gehalten haben. Bei all dem darf unsere freiheitliche demokratische Ordnung keinen Schaden nehmen. Die Institutionen und Strukturen, die uns auf unserem Weg begleiten, müssen ihr entsprechen und ihr neue Lebenskraft verleihen.

Der Turmbau zu Brüssel II: Agenda »Europa 2020«

Kommen wir zurück zu der Frage, ob Europa – genauer: seine Institutionen – diesen Anforderungen gerecht werden kann. Zur Lissabon-Agenda hatte sich der portugiesische Kommissionspräsident José Manuel Barroso im Umfeld seiner Wiederwahl im Herbst 2009 kritisch geäußert. Er hielt sie für gescheitert. Die »Wahlplattform« für seine Wiederwahl war die Agenda »Europa 2020«. Sie ist, wie ihre Vorgängerin, auf Wachstum ausgerichtet. Im Unterschied zur Lissabon-Agenda verfolgt sie zwar nicht das Ziel, Europa zur wirtschaftsstärksten Region der Welt zu entwickeln, doch ihre Betonung liegt ebenfalls auf Wachstum, Beschäftigung und sozialer Ordnung. Die eigentlichen Ziele der EU, Frieden und Freiheit in Europa, werden nur noch am Rande erwähnt. Das ist nicht ungefährlich. Denn Frieden und Freiheit zu wahren ist eine dauerhafte politische und kulturelle Aufgabe, die nicht als »gelöstes Problem« zu den Akten gelegt werden darf.

In der Agenda 2020 manifestieren sich die wichtigsten, die gesamte strategische Konzeption der EU bestimmenden politischen Ziele für die kommenden zehn Jahre und darüber hinaus: Beschäftigung, »intelligentes, nachhaltiges, integratives« Wachstum und sozialer Ausgleich. Die Umsetzung derartiger Ziele unter den Bedingungen einer soliden Haushaltspolitik und des Abbaus bestehender Staatsschulden ist schon auf nationaler Ebene eine riskante Sache. Sie ist mit Konflikten, Verteilungskämpfen und immer wieder auch mit Regierungskrisen verbunden. Welche Belastungen sie mit sich bringt, zeigt sich nicht nur in den von der Finanz- und Eurokrise am stärksten betroffenen Ländern. Frankreich und Deutschland machen derzeit ähnliche Erfahrungen. Solche Belastungen werden in unserem alternden, aus seiner globalen Schlüsselrolle längst vertriebenen

Europa weiter zunehmen. Ihre Auswirkungen werden den europäischen Demokratien auf lange Zeit hohe politische Kosten abverlangen. Um sie zu bewältigen, werden die Mitgliedstaaten der EU eine neue Kunst des Regierens hervorbringen müssen.

Mit der Agenda 2020 heben die Kommission und der Rat diese politischen Belastungen der Mitgliedstaaten gewissermaßen auf die europäische Ebene. Auf nationaler Ebene haben wir mit der Beherrschung derartiger Konflikte zum Teil seit vielen Jahrzehnten Erfahrungen gesammelt. Ein vergleichbares Erfahrungskapital gibt es auf der Ebene der EU bisher nicht. Nationale Erfahrungen sind – schon ihrer Vielfalt wegen – nur begrenzt auf die Europäische Union übertragbar. Zudem kann sich die EU, anders als ihre Mitgliedstaaten, nicht auf einen dem nationalen Zusammenhalt vergleichbaren politischen Rückhalt stützen. Der wird sich auf europäischer Ebene allenfalls in zwei bis drei Generationen entwickeln.

Es müsste deshalb zu den wichtigsten Zielen Barrosos und seiner Kommission gehören, alle Entwicklungen zu fördern, die den Zusammenhalt innerhalb der Europäischen Union stärken, nicht nur unter den Mitgliedstaaten, sondern auch unter den Völkern, ihren Regionen und Kulturen. Dabei ist zwischen zwei Aspekten zu unterscheiden: Zum einen geht es um die Bindungen der Europäer an das historisch gewachsene, durch gemeinsame Wurzeln und Werte geprägte Europa. Zum anderen geht es um die – wie die EU-Verfassung sie nennt – »Angehörigen der Mitgliedstaaten« selbst. Ihre »Rechte und Interessen« sollen durch eine eigene Unionsbürgerschaft geschützt werden, die die Bindung der »Unionsbürger« an Europa, die Europäische Union und deren Institutionen stärken soll.

Die Bindungen, die sich aus der Zugehörigkeit zum historischen Europa ergeben, beruhen häufig auf Jahrhunderte zurückreichenden Ereignissen. Aus ihnen erwächst eine europäische Solidarität, die in der persönlichen Verantwortung und

Freiheit jedes einzelnen Bürgers gründet. Man kann sie weder verordnen noch gesetzlich regeln. Entsprechende Versuche würden die Europäer wohl eher als Usurpation einer gewachsenen kulturellen Kraft durch Institutionen und Bürokratien empfinden, deren historische Nachhaltigkeit noch nicht erwiesen ist.

Dass die Bürger Europas sich mit ihrem Kontinent mehr oder weniger identifizieren und verbunden fühlen und – außerhalb seiner Grenzen – auch stolz sein mögen, Europäer zu sein, ist eine Sache. Ihr Verhältnis zu den Institutionen der Europäischen Union ist eine andere. Im ersten Fall geht es um eine großartige Idee, die ihre Legitimation aus der europäischen Katastrophe zweier Weltkriege bezieht und durch die Entschlossenheit geprägt wurde, Freiheit und dauerhaften Frieden in Europa zu sichern. Im zweiten Fall geht es um die tatsächliche Realisierung dieser Idee durch die europäischen Institutionen, um die Verträge und politischen Ziele, an denen sie sich in der Gegenwart orientieren. Konkret geht es um die Frage, ob die europäische Idee sich in der gelebten Wirklichkeit der Europäischen Union wiederfindet oder ob sie unter den »Mühen der Ebenen« verloren zu gehen droht.

Gemessen am Inhalt der Agenda 2020 kann die Antwort nicht positiv ausfallen. Ihre Ziele lesen sich fast ausnahmslos wie die Reproduktion der gängigen politischen Aufgaben, mit deren Erledigung die Mitgliedstaaten seit Jahren befasst sind. Warum sie nun mit Hilfe neuer bürokratischer Mechanismen die Zukunft der Europäischen Union für die kommenden Jahrzehnte bestimmen sollen, ist nicht nachvollziehbar.

Was es mit den drei Wachstumsdefinitionen – intelligentes, nachhaltiges und integratives Wachstum – auf sich hat, ist unklar. Fordert die Agenda 2020 doch in fast jedem Zusammenhang Kraft, Leistung und Motivation für ganz normales Wirtschaftswachstum. Wie und warum die EU die Beschäftigung der Bevölkerung im arbeitsfähigen Alter von 69 auf 75 Prozent erhöhen will, wie sie ohne massive Eingriffe in die Zuständigkeiten der Mitgliedstaaten den Anteil der Schulabbrecher auf zehn Prozent verringern und die Zahl der armutsgefährdeten Personen um 25 Prozent und damit auf zwanzig Millionen absenken will, bleibt unerfindlich. Beides gehört jedoch ebenso zu den EU-Kernzielen, die die Kommission bis zum Jahre 2020 erreichen will, wie das Vorhaben, mindestens vierzig Prozent der jüngeren Generation einen Hochschulabschluss zu ermöglichen.

Es würde zu weit führen, sich mit den sieben Leitlinien näher zu befassen, die nach dem Willen der Kommission und ihres Präsidenten für die EU und ihre Mitgliedstaaten bindend sein sollen. Zumindest ihre Bezeichnungen zeugen für ein erstaunliches Maß an Phantasie. Sie lauten: »Innovationsunion«, »Jugend in Bewegung«, »Digitale Agenda für Europa«, »Ressourcenschonendes Europa«, »Industriepolitik im Zeitalter der Globalisierung«, »Agenda für neue Kompetenzen und neue Beschäftigungsmöglichkeiten« und »Europäische Plattform zur Bekämpfung der Armut«. Sie sind ebenso unverbindlich wie ihre Inhalte – politisches Feuilleton und Allgemeinplätze. Eine Bindung der Unionsbürger an »ihre« Europäische Union wird keines dieser Ziele begründen.

Dagegen können sie, nach bisherigen Erfahrungen, wohl die Erwartung wecken, von Brüssel für staatliche, regionale und kulturelle Programme neue oder weitere Fördermittel zu erhalten. Diese würden zugleich einer weiteren Ausdehnung bürokratischer Kontroll- und Mitspracherechte den Weg ebnen. Loyalitäten kann man mit Förderprogrammen jedoch nicht begründen. Dankbarkeit ist keine politische Kategorie.

Die Zielvorgaben der Agenda 2020 und die für ihre Verwirklichung angestrebten zusätzlichen bürokratischen Strukturen und Beteiligungsverfahren sind selbst für Experten kaum noch nachvollziehbar. Sie haben, behutsam ausgedrückt, einen stark planwirtschaftlichen Charakter. Dem Rat wird die »uneingeschränkte« Verantwortung für die Steuerung der gesamten Agenda übertragen, wohl als eine Art Plan-Ausschuss. Die Kommission erscheint als Planungsbehörde. Die Mitgliedstaaten werden auf vielfältige Weise durch sogenannte Leitinitiativen, Leitlinien, Berichtpflichten und sonstige der Kommission zur Verfügung stehende Instrumente in die Strategie eingebunden. Der Katalog zur Leitinitiative »Industriepolitik im Zeitalter der Globalisierung« gibt dem Leser mit den dort beschriebenen Zuständigkeiten beredte Auskunft über die tatsächlichen Vorstellungen, die Barroso und seine Kommission von den zukünftigen Strukturen der EU haben.

Die Machtfülle, die mit der Strategie 2020 in Brüssel angesammelt werden soll, wird sich nicht nur auf die Autorität der EU und ihrer Institutionen nachteilig auswirken. Sie wird auch die Entwicklung eines Vertrauensverhältnisses zum EU-Europa behindern, aus dem sich eine emotionale und politische Bindung der Europäer an die Europäische Union entwickeln könnte. Eher wird man geneigt sein, das Vorhaben als »Turmbau zu Brüssel« zu beschreiben. Die Bausteine dieses Turmbaus sind außer der erwähnten »intelligenten, nachhaltigen und integrativen Wirtschaft« ein »hohes Beschäftigungs- und Produktivitätsniveau«, ein »ausgeprägter sozialer Zusammenhalt«, ein durch die Finanzkrise ausgelöster »Beginn einer neuen Wirtschaftsform« sowie »für unsere Generation und für künftige Generationen eine hohe, durch ein einzigartiges Sozialmodell gestützte Gesundheit und Lebensqualität«. Dazu sind, wie sollte es anders sein, zahlreiche Maßnahmen zu ergreifen. Es handle sich, so die Kommission, um »eine Agenda für alle Mitgliedstaaten, die den unterschiedlichen Bedürfnissen, unterschiedlichen Ausgangspunkten und nationalen Besonderheiten Rechnung trägt, um das Wachstum zu fördern«. Der Anspruch der Kommission und ihrer Bürokratie ist eindeutig: Sie will Europa mit einer wohlfahrtsstaatlichen Planwirtschaft beglücken.

Dieser Anspruch hat sich in den letzten Jahren bereits vorbereitet. So hat man den Eckpfeiler der europäischen marktwirtschaftlichen Ordnung, das Kartellverbot nach Artikel 81 EU-Vertrag, sukzessive inhaltlich verändert. Was ursprünglich ein eindeutiges Verbot von Kartellabsprachen war, hat sich unter der Hand in einen »Missbrauchstatbestand« verwandelt. Nach der entsprechenden Leitlinie kann das Kartellverbot unter solchen Voraussetzungen für nicht anwendbar erklärt werden, »die unter angemessener Beteiligung der Verbraucher an dem entstehenden Gewinn zur Verbesserung der Warenerzeugung oder -verteilung oder Förderung des technischen oder wirtschaftlichen Fortschritts beitragen«.

Die Auslegung der Vorschrift geht heute davon aus, dass mit den Regeln der Gemeinschaft zum Schutz des Wettbewerbs »der Wohlstand der Verbraucher gefördert und eine effiziente Ressourcenallokation gewährleistet werden« sollen. Die ursprüngliche Idee war eine andere. Es war die Idee einer Wirtschaftsverfassung, die die Bildung von Wirtschaftsmacht durch Kartelle generell untersagt und damit nicht nur die Freiheit des Marktes schützt, sondern auch die Freiheit der Marktteilnehmer vor wirtschaftlicher Macht. Dass nunmehr durch den Schutz des Wettbewerbs der »Wohlstand der Verbraucher« gefördert und eine »effiziente Ressourcenallokation« gewährleistet werden sollen, öffnet der Kartellbildung Tür und Tor. Mir ist aus meiner jahrelangen Beschäftigung mit dem Kartellrecht kein Kartell bekannt, das derartige Leistungen nicht für sich in Anspruch genommen und damit seine Wettbewerbsbeschränkungen gerechtfertigt hätte.

Dass die Agenda 2020 im Ergebnis auf eine wohlfahrtsstaatliche Wirtschaftsordnung zielt, lässt sich auch aus der Tatsache erkennen, dass die vier Freiheiten der Römischen Verträge in ihr nicht vorkommen. Auch der Wettbewerb wird im Wesentlichen in politischen Dienst genommen. Dass es sich bei Märkten um

Veranstaltungen handelt, die durchaus in der Lage sind, eine Fülle der Probleme zu erledigen, deren Lösung die Kommission jetzt für sich in Anspruch nimmt, wird nicht berücksichtigt – ein weiteres Indiz für eine Neuinterpretation des Gemeinsamen Marktes, die mit den ursprünglichen Intentionen der Römischen Verträge kaum noch etwas gemein hat.

Möglicherweise ist dies dem Umstand geschuldet, dass sich in Brüssel inzwischen eine Doktrin der negativen Integration entwickelt hat. Sie befördert die Absicht, die tragende Bedeutung der vier Freiheiten durch eine Fülle interventionistischer Eingriffe zu relativieren. Damit löst man sie von ihrer freiheitlichen Verankerung und macht sie für die Bürokratie handhabbar. So wird auch der erstaunliche Umstand erklärbar, dass die Agenda 2020 bei der Organisation ihrer Entscheidungsabläufe von einem Maß an Vernetzung aller denkbar beteiligten Akteure ausgeht, das nach bisherigen Erfahrungen zu einer massiven Häufung von Entscheidungsblockaden und Ergebnisverzerrungen führen muss. Die negativen Erfahrungen bei der Umsetzung der Lissabon-Agenda von 2000 hat Wim Kok in seinem Zwischenbericht von 2005 eindrucksvoll geschildert. Sie sind dem schon damals amtierenden Kommissionspräsidenten Barroso bekannt, wurden aber nicht berücksichtigt.

Bisher galt, dass sich die Integration Europas von unten nach oben entwickelt. Basis sollte die Integration der Märkte sein. Sie sollte sich im freien Wettbewerb, ohne Störung durch Wirtschaftsmacht und in den Regeln vollziehen, deren Grundsätze in den Römischen Verträgen enthalten sind. Dieser wirtschaftlichen Integration sollte der behutsame Aufbau einer politischen Union folgen. Die Währungsunion hat diesen zwar beschleunigt, ihre Krise hat jedoch auch die Defizite dieses Weges sichtbar werden lassen. Mit seinen Beschlüssen vom Mai und Dezember 2010 hat der EU-Rat der Stabilisierung des derzeitigen Zustands der Währungsunion und der Entwicklung neuer

Strukturen zur nachhaltigen Sicherung der gemeinsamen Währung oberste Priorität eingeräumt. Damit hat sich Europa de facto bereits eine neue Agenda gegeben.

Mit diesen Prioritäten ist die Agenda 2020 kaum zu vereinbaren. Denn mit ihr werden Erwartungen geweckt, die selbst dann nicht erfüllbar wären, wenn es gelingen würde, nachhaltiges Wachstum zu erzeugen. Mit den in der Agenda angelegten Strukturen wird sich schon dieses Ziel nicht erreichen lassen. Ihre »Integration von oben nach unten« beruht nicht auf offenen Märkten, sondern auf Wohlfahrtsversprechen. Für die Finanzierung dieser Versprechen fehlt jede Voraussetzung. Denn die möglichen Wachstumsgewinne, die die Mitgliedsländer erwirtschaften, werden dort für die Bedienung nationaler Bedürfnisse, vor allem für die Verringerung der Staatsschulden benötigt. Da diese Schulden regelmäßig refinanziert werden müssen, kommt es auch auf die Einschätzung der Bonität der jeweiligen Staaten durch die Finanzmärkte an. Bonitätsmängel können von EU-Rettungsschirmen auf Dauer nicht ausgeglichen werden. Das »einzigartige Sozialmodell« der Agenda 2020 werden die Finanzmärkte wohl eher als Belastung empfinden.

Schließlich übersehen die Autoren der Agenda 2020, dass die europäische Wirtschaft längst die Grenzen der EU gesprengt hat. Wohlfahrtsstaatlichen Zumutungen kann sie sich deshalb leichter entziehen als früher. Das gilt inzwischen auch für die kleinen und mittelständischen Unternehmen, um deren Wohlwollen die Agenda besonders intensiv wirbt. Auch sie haben längst gelernt, global tätig zu sein. Alles in allem: Das Konzept der Agenda 2020 steht auf schwankendem Grund.

VII

Zwischenbilanz II

Bleibt die Frage, wo und durch wen die eigentlich bedeutsamen Ziele der Europäischen Union für die kommenden zehn Jahre formuliert werden sollen. Der Kommission wird man diese Aufgabe nach den bisherigen Erfahrungen nur mit begrenzten Erwartungen überlassen können. Dies gilt vor allem für den Zusammenhang und die Gewichtung der »innenpolitischen« Prioritäten der EU und ihren außenpolitischen Aufgaben und Interessen. Diese Schnittstelle zwischen Innen- und Außenpolitik beeinflusst nicht nur den außenpolitischen Handlungsspielraum der Mitgliedstaaten, sondern auch den der EU. Dabei geht es vor allem um die Verteilung der wohl knappsten politischen Ressource eines demokratischen Staates zwischen den außen- und innenpolitischen Handlungsfeldern: der Fähigkeit, politische Kosten zu tragen. In der Außenpolitik ist sie vor allem davon abhängig, ob die außenpolitischen Ziele mit der notwendigen Geschlossenheit und im Konsens getragen und unterstützt werden.

Für die Europäische Union bedeutet dies: Sie muss entscheiden, wie viel politische Energie sie für die Bewältigung ihres innenpolitischen Programms und die daraus resultierenden möglichen Konflikte einsetzen will. Inwieweit wird sie bereit sein, zugunsten ihrer außenpolitischen Verantwortung und Handlungsfähigkeit ihre innenpolitischen Ambitionen so zu begrenzen, dass sie den notwendigen außenpolitischen Konsens unter den 27 Mitgliedstaaten nicht gefährdet?

Als Anhaltspunkt und Maß einer solchen Begrenzung kann dabei der Grundsatz der Subsidiarität dienen, dem auch die EU-Verfassung eine bedeutende Rolle zuerkennt. Die Agenda 2020 lässt ihn weitgehend unberücksichtigt. Genauer gesagt: Dieses für jedes demokratische Gemeinwesen so wichtige

Prinzip wird praktisch ignoriert. Andernfalls hätte man sich nicht entschlossen, zu den vorrangigen Zielen Aufgaben der Mitgliedstaaten zu rechnen, zu deren Erledigung die EU außer Richtlinien praktisch nichts beitragen kann.

Falls die EU-Kommission gleichwohl den Versuch unternimmt, ihre Zuständigkeiten immer weiter auszudehnen, ohne dem Prinzip der Subsidiarität die notwendige Achtung entgegenzubringen, wird sie stärker als in der Vergangenheit Konflikte mit den Mitgliedstaaten provozieren. Deren Widerstand wird auch deshalb wachsen, weil den Regierungen und politischen Instanzen mit der Ausdehnung europäischer Zuständigkeiten ihre bisherigen klassischen und wahlwirksamen Politikfelder abhanden kommen werden.

Denn schrumpfende Verteilungsspielräume als Folge nachlassenden Wirtschaftswachstums, aber auch der höhere und unabweisbare Bedarf alternder Bevölkerungen an sozialen Leistungen aller Art machen sich zunehmend bemerkbar. In dem Maße, in dem diese Entwicklungen sich vollziehen, werden die Konflikte zwischen der EU und ihren Mitgliedern um die sachgerechte Abgrenzung der Zuständigkeiten zunehmen. Es handelt sich dabei um Machtfragen, deren Austragung den inneren Zusammenhalt der EU beschädigen wird. Dies wiederum wird nachteilige Auswirkungen auf die Autorität haben müssen, mit der die EU ihre außenpolitischen Interessen und Verantwortlichkeiten gegenüber der übrigen Welt zur Geltung bringen kann. Die innenpolitische Begrenzung der EU ist deshalb auch eine Voraussetzung für eine erfolgreiche europäische Außenpolitik.

Ob die Begrenzung der EU gelingen kann, hängt ab von der Belastbarkeit der Europäischen Verfassung – insbesondere ihrer der Stabilität und Subsidiarität gewidmeten Normen – und der Bereitschaft des Europäischen Rates, sich ihrer zu bedienen. Die Erfahrungen der vergangenen zehn Jahre bieten wenig Anlass zum Optimismus. Beide, die Lissabon-Agenda und die Agenda 2020, wurden vom Europäischen Rat beschlossen. Aus den Erfahrungen mit der Lissaboner »Vision 2010« hat er keine erkennbaren Konsequenzen gezogen. Im Gegenteil: Mit der Agenda 2020 hat er sich selbst als verantwortliches Gremium für die Durchführung des Vorhabens bestellt, das auf Wachstum setzt und das die EU in eine neue Wirtschaftsgemeinschaft verwandeln und mit einer wohlfahrtsstaatlichen Planwirtschaft beglücken soll.

Mit seinem am 4. Februar 2011 beschlossenen »Pakt für Wettbewerbsfähigkeit« macht sich der Rat zudem auf den Weg, die fehlende »Währungsregierung« zu ersetzen und Europa gewissermaßen eigenhändig aus der Krise zu befreien, die eben dieser Rat 1998 mit dem Verzicht auf eine »europäische Wirtschaftsregierung« im Zusammenhang mit der Euro-Einführung ausgelöst hat. Die eigentliche Gefahr dieser »Strategie« liegt jedoch darin, dass sie sich praktisch außerhalb der Europäischen Verfassung vollzieht. Kommissionspräsident Manuel Barroso hat bereits protestierend darauf hingewiesen. Er sieht sich und seine Kommission ihrer verfassungsrechtlichen Zuständigkeiten beraubt. Tatsächlich ist nicht erkennbar, wie sich das neue Projekt des Rates ohne Beschädigung der Europäischen Verfassung verwirklichen lässt. Angesichts ihrer voraussichtlichen Dauer führen die »Notmaßnahmen« zu einer faktischen Verfassungsänderung. Sie sind deshalb mit politischen und verfassungsrechtlichen Risiken belastet, was nicht ohne Auswirkungen auf den inneren Zusammenhalt der EU bleiben kann – und auf das Verhalten der Finanzmärkte, auf die Europa auch in Zukunft angewiesen sein wird.

Es sei denn – und auch das ist denkbar –, der jüngste Beschluss des Rates wäre nicht wirklich ernster gemeint als die Verabschiedung der Lissabon-Agenda oder der Agenda 2020. Das würde zwar der Verfassung helfen. Aber es wäre kein Beitrag zur Bildung von Vertrauen der Europäer in ihre Institutionen.

Die Agenda »Europa 2020« und der »Pakt für Wettbewerbsfähigkeit« würden sich dann eher wie der Bauplan für den Turmbau zu Brüssel lesen. In der Wahrnehmung der Bevölkerung ist das Unternehmen schon ziemlich weit fortgeschritten. Man sollte sich darauf verständigen, den Bau einzustellen und zuerst die wirklichen Herausforderungen zu bewältigen, vor denen die Europäische Union steht – und dies auf glaubwürdige, durch Sorgfalt überzeugende Weise und im Rahmen der Verfassung. Und man sollte damit beginnen, den Turm abzutragen, ehe die in ihm verkörperte Hybris zu einer neuen Verwirrung führt – diesmal nicht der Sprachen, sondern der Begriffe. Türme dieser Art haben wir in Europa schon genug.

ACHTES KAPITEL

Die Verfassung der Freiheit – Subsidiarität

I

Ruf nach Erneuerung

Gut fünfzig Jahre sind vergangen, seit Ludwig Erhard die Soziale Marktwirtschaft in Deutschland erfolgreich eingeführt hat, aber mit dem Versuch gescheitert ist, die Wirtschafts- und Sozialverfassung als ganzheitliche Ordnung zu gestalten. Die Bilanz dieser Jahre lehrt uns: Wir sind reicher geworden, aber nicht unbedingt glücklicher als in den 1950er Jahren. Eines der wohlhabendsten Völker der Erde blickt voller Sorge in die Zukunft. Unser Wohlstand ist auf historisch einmalige Höhen gestiegen. Aber mit ihm hat auch unsere Unsicherheit zugenommen. In unseren persönlichen Lebensräumen fühlen wir uns wohl, sind wir mehr oder weniger zufrieden. Was die umfassende Sozialordnung des Staates angeht, fehlt uns das Vertrauen in die Verlässlichkeit seiner Zusagen.

Das ist im Grunde nicht überraschend. Denn der Haushalt unseres Staates ist erschöpft. Anders als zu der Zeit, als Willy Brandt die Armut des Staates beklagte, ist er heute tatsächlich arm. Seine Einnahmen sind weitgehend durch Verpflichtungen gebunden, die aus der Vergangenheit stammen. Für die Gestaltung unserer Zukunft muss er sich verschulden. Ein Teufelskreis der Entgrenzungen ist entstanden. Er wird zu immer neuen Krisen führen. Ihre Folgen lasten auf den Schultern unserer Kinder und Enkel. Unser Parlament muss sich, stellvertretend für das Volk, wie dereinst Odysseus an den Mast der Schuldenbremse fesseln lassen, um sich vor den Versuchungen immer neuer wohlfahrtsstaatlicher Versprechen zu schützen. Sie sind die Sirenen unserer Tage. Sie werden die Stabilität des Mastes und die Haltbarkeit der Stricke auch weiterhin testen.

Die Rufe nach Erneuerung werden lauter. Sie beschäftigen Tagungen und füllen die Programme der Parteien, Organisationen und Stiftungen. Der Bundestag hat sie mit der Einsetzung der Enquete-Kommission in seine Agenda aufgenommen. Kanzlerin Merkel spricht vom Scheideweg, an dem Europa stehe, und von schicksalhaften Entscheidungen, die es treffen müsse. Für Deutschland gilt das Gleiche. Auch wir stehen am Scheideweg. Auch für uns ist es eine Schicksalsfrage, wie wir unsere Zukunft gestalten und unser inneres Gleichgewicht als Nation wiederfinden. Den großen Einrichtungen, die der Bevölkerung umfassenden sozialen Schutz versprochen haben, geht der Atem aus. Sie haben sich übernommen. Sie können das wachsende Ungleichgewicht zwischen Anspruch und Wirklichkeit nicht mehr ins Lot bringen. Die Menschen spüren und erleben es. Im Vertrauen auf Vater Staat haben sie für ihre kleinen Krisen ebenso wenig vorgesorgt wie unser Land für seine großen.

Nur eine Ordnung, die der Wirtschaft, hat sich als sturmfest erwiesen. Sie hat die Finanzkrise nicht nur besser gemeistert als alle Experten, Analysten und Auguren im Krisenjahr 2009 zu wissen glaubten. Sie hat sich nicht nur erholt. Sie überrascht uns und die Welt mit einem staunenswerten Aufschwung. Aber die Menschen in anderen von der Krise betroffenen Staaten sind nicht weniger fleißig und verantwortungsbewusst als die Deutschen. Gleichwohl gelingt es ihnen weniger gut, die Krise zu überwinden. Das Geheimnis liegt in der freiheitlichen Wirtschaftsordnung unseres Landes, die Ludwig Erhard in den

1950er Jahren geschaffen hat. Sie bietet den Menschen die Chance zur Entfaltung jener Kräfte, denen wir den unerwarteten Aufschwung dieser Tage verdanken. Ist es daher nicht naheliegend zu fragen, ob eine vergleichbare Ordnung sich nicht auch in den sozialen Systemen bewähren könnte? Denn die Menschen, die es betrifft, sind dieselben: in der Wirtschaft und in der Sozialordnung.

Alle finanz- und sozialpolitischen Fehlentwicklungen unserer Tage haben eines gemeinsam: Weil ihnen eine ordnungspolitische Grundlage fehlt, leiden sie unter Entgrenzungen. Ob es um Wirtschaftswachstum geht oder um die Entwicklung der Staatshaushalte, um soziale Einrichtungen oder die Eurokrise: Stets handelt es sich um Prozesse, die auf die eine oder andere Weise außer Kontrolle geraten sind und deshalb zu Gleichgewichtsstörungen in der Gesamtordnung führen. Regelmäßig verlaufen diese Prozesse exponentiell. Das heißt, sie beschleunigen sich ständig. Es wird immer schwieriger, sie durch politische Maßnahmen zu stabilisieren. Vor allem aber: Sowohl die finanziellen als auch die politischen Kosten steigen, wenn es an der Bereitschaft fehlt, rechtzeitig zu handeln.

Nehmen wir das Beispiel der Rente. Sie stellt, soweit es um staatliche Leistungen geht, inzwischen den weitaus größten Ausgabenposten des Bundeshaushalts dar – obwohl sie vor allem durch die Beiträge der Versicherten finanziert wird. Hätte man die Rentenversicherung in den 1980er Jahren, als der Geburtenrückgang sich stabilisierte, auf eine neue Grundlage gestellt, die staatliche Rente auf eine Grundsicherung begrenzt, ihre Finanzierung von der Erwerbsarbeit gelöst und der steuerzahlenden Allgemeinheit übertragen, so wären zwar auch damit erhebliche Kosten verbunden gewesen. Wir hätten jedoch heute kein Rentenproblem mehr. Die Bürger hätten sich entschlossen, selbst Altersvorsorge zu betreiben. Verschiedenste Möglichkeiten hätten ihnen dafür zur Verfügung gestanden. Als Kunden hätte man sie umworben – und nicht als Leistungsempfänger bevormundet. Der Wettbewerb um ihre Nachfrage hätte zu neuen Gestaltungsmöglichkeiten geführt. Auf der Basis der Grundsicherung hätten die Bürger ihre Altersvorsorge freier planen können, je nach den individuellen oder familiären Bedürfnissen. Stets hätte man sicher sein können, dass die Grundsicherung ohne Bedürftigkeitsnachweis ab einem bestimmten Zeitpunkt zur Verfügung steht.

Die Umstellung wurde nicht nur versäumt; selbst die öffentliche Diskussion darüber wurde verweigert. In absehbarer Zeit müssen wir nun das Versäumte nachholen. Inzwischen sind die Rentenansprüche der geburtenstarken Jahrgänge gewachsen. Der Zeitpunkt, an dem sie in Rente gehen, rückt näher. Und die Zahl der nachwachsenden Arbeitnehmer wird kleiner sein als die Zahl der jetzt aktiven. Ein neues Ungleichgewicht entsteht, das die schon vorhandenen weit übertreffen wird. Der Rückgang der Geburtenrate ist durch politische Maßnahmen kaum zu beeinflussen. Aber es wäre durchaus möglich gewesen, die alten, immer teureren Strukturen der Altersvorsorge rechtzeitig durch neue, selbstbestimmte zu ersetzen, um den Bedingungen der Zukunft gerecht zu werden.

II

Die Erneuerung der Sozialordnung

Eine Ordnung ist nur dann sozial und gerecht, wenn sie die Menschen dabei unterstützt, verantwortlich für sich und die Gemeinschaft zu leben und zu handeln; nicht über ihre Verhältnisse zu leben, sondern das Maß einzuhalten, das durch ihre Leistung und Wertschöpfung vorgegeben ist; sich dieser Begrenzung nicht durch Vorgriff auf die Lebenschancen nachfolgender Generationen zu entziehen und damit die Grundwerte

Gerechtigkeit und Solidarität zu beschädigen. Es geht also auch um eine Ordnung, die unsere Unvollkommenheit überlistet, ohne unsere Freiheit einzuschränken. Die Schuldenbremse, in der Verfassung fest verankert, ist eine solche List. Sie hindert Parlament und Regierung in Zukunft daran, unser Land weiter zu verschulden. Sie setzt dem Parlament, das den Haushalt beschließt, Grenzen. Was in diesen Grenzen geschehen soll, darüber kann das Parlament frei entscheiden. Aber es darf die selbst gesetzte Begrenzung nicht überschreiten. Eine solche Grenze einzuhalten ist leicht, wenn die Steuern sprudeln. Es ist schwierig, wenn nicht alle Forderungen an den Staat innerhalb der Begrenzung erfüllt werden können. Denn dann müssen Prioritäten gesetzt werden, was erhebliche politische Kosten verursacht.

Welche Folgen ergeben sich für die Gestaltung unserer Wirtschafts- und Sozialverfassung, wenn die Politik einer Begrenzung der Staatsverschuldung unterliegt? Für die Wirtschaft ist die Antwort einfach: Sie verfügt mit einer funktionierenden Wettbewerbsordnung bereits über ein System der Begrenzung. Wer im Markt erfolgreich ist, wird belohnt, wer die Nachfragen des Marktes nicht erfüllen kann, hat das Nachsehen. Solange die Entscheidungen der Märkte, also unsere Entscheidungen als Konsumenten, nicht durch Marktmacht oder staatliche Interventionen verzerrt werden, sind wir bereit, sie zu akzeptieren.

Was bedeutet dies aber für die Verfassung des Sozialen? Ein Blick auf die Verfassung der Marktwirtschaft mag helfen: Sie ist durch Freiheit geprägt. Die Verfassung der Freiheit wiederum heißt Subsidiarität. Diese schützt die Freiheit der Person, der Familie und der »kleinen Lebenskreise« bei der Erledigung ihrer Angelegenheiten vor Eingriffen höherer Instanzen. Umgekehrt begründet sie einen Anspruch gegen die höhere Instanz auf Unterstützung, wenn die eigenen Kräfte nicht ausreichen. Einen solchen Anspruch umzudeuten in ein Mandat für dauerhafte Vormundschaft würde das Subsidiaritätsprinzip auf den Kopf stellen.

Genau das aber ist in unserer heutigen Sozialordnung der Fall. Der Sozialstaat – »Vater Staat« – ist am erfolgreichen Beweis unserer Fähigkeit, uns selbst zu versichern, für unser Alter zu sorgen, unnötige Risiken zu meiden, kurz: verantwortlich mit unserer Freiheit umzugehen, nicht interessiert. Wo das Subsidiaritätsprinzip auf diese Weise außer Kraft gesetzt wird, herrscht Vormundschaft. In diesem Sinne steht unsere soziale Ordnung auf dem Kopf – ein Grund für ihr wachsendes, unser Land gefährdendes Ungleichgewicht.

Das sollte uns nicht entmutigen, nach Wegen zu suchen, wie man unsere Sozialordnung wieder vom Kopf auf die Füße stellt. Einen noch heute gültigen Leitfaden bietet die »Rothenfelser Denkschrift« zur Neuordnung der sozialen Leistungen, die 1955 im Auftrag von Konrad Adenauer von vier Professoren vorgelegt worden war. Der zentrale Gedanke ihres Konzepts war der der Solidarität und Subsidiarität. Bei der Entscheidung über die Zukunft der Sozialordnung stand die Denkschrift als Alternative zum umfassenden Sozialstaat zur Diskussion. Doch der Zug fuhr bereits in Richtung jener vormundschaftlichen Lösung, die wir bis heute kennen. Wäre man damals Ludwig Erhard und den Autoren der Denkschrift gefolgt, wäre man heute weit besser in der Lage, die soziale Ordnung zu begrenzen, als es unser vormundschaftlicher Sozialstaat vermag.

Die Zeit drängt. Die Auswirkungen der demographischen Entwicklung werden der Bevölkerung zunehmend bewusst. Die sozialstaatlichen Einrichtungen stoßen an die Grenzen ihrer Leistungsfähigkeit. Ihre Maßnahmen werden aufgrund ihrer notwendigen Standardisierung der Vielfalt der Lebenssachverhalte immer weniger gerecht. Zudem wächst die Einsicht, dass staatliche Institutionen nur in sehr begrenztem Umfang in der Lage sind, den Bedürfnissen der Menschen nach

Gemeinsamkeit, familiärer Geborgenheit und Freiheit von Bevormundung zu entsprechen. Zwar wünscht sich die Mehrheit der Deutschen den umfassenden Sozialstaat. Aber zugleich wächst ihr Widerstand gegen die bürokratischen Erscheinungsformen, in denen er handelt und aus Gründen der Gleichbehandlung genormter Sachverhalte auch nur handeln kann.

Ein eindrucksvolles Beispiel für die Unfähigkeit des Sozialstaats zur gebotenen Individualisierung von Leistungen liefert die Grundsicherung für Arbeitsuchende (Hartz IV). Sie wendet die einheitlichen, für ganz Deutschland gültigen Förderleistungen auf höchst unterschiedliche Lebenslagen und Bedürftigkeiten an und hat damit eine Welle von Gerichtsverfahren ausgelöst, mit denen die Betroffenen sachgerechtere Entscheidungen anstreben.

Eine wohlhabende Gesellschaft wie die unsere zeichnet sich in der Regel durch eine hochentwickelte Vielfalt der Lebensverhältnisse, Bedürfnisse und Ziele ihrer Bürger aus, kurz: durch eine hohe Pluralität der Lebensentwürfe. Sie kann die Ausgestaltung dieser Vielfalt, soweit es um sozial- und familienpolitische Aufgaben geht, deshalb nicht allein zentralistischen Strukturen und einer zentralen Gesetzgebung und Verwaltung anvertrauen. Ihre Zentralregierung muss sich vielmehr auf die Regelung derjenigen Sachverhalte beschränken, die ohne Beschädigung der gelebten Vielfalt einheitlich geregelt werden können. Eine Grundsicherung im Alter und die Idee eines Grundeinkommens für jedermann gehören in diesen Zusammenhang.

Je vielfältiger sich die Lebensgestaltung der Bürger entwickelt, umso wichtiger ist es für die gedeihliche Entwicklung des Gemeinwesens, notwendige Regelungen dort anzusiedeln, wo sie den geregelten Sachverhalten am nächsten sind: in der Familien- und Sozialpolitik also auf der kommunalen Ebene. Dies gilt insbesondere dann, wenn es sich um Entwicklungen handelt, die neu sind oder sich schnell verändern. Für ihre rechtliche und politische Ausgestaltung gibt es noch keine Erfahrungen, auf die sich nachhaltige Ordnungsbemühungen stützen könnten. Nimmt man die Kriegs- und unmittelbare Nachkriegszeit aus, dann lässt sich kaum eine Periode in der jüngeren europäischen Geschichte ausmachen, in der sich die individuellen und gesellschaftlichen Wertvorstellungen und Verhaltensmuster schneller verändert haben als seit Mitte der 1970er Jahre, also praktisch innerhalb einer Generation. Seit dieser Zeit vollziehen sich Umbrüche, die revolutionäre Ausmaße erreichen. Ihr Ende ist nicht abzusehen. Die gegenwärtige globale Finanz- und Wirtschaftskrise wird sie weiter verstärken.

Zwar hat sich der Lebensstandard der Bevölkerung in bisher unbekanntem Ausmaß erhöht. Die staatlichen Sozialsysteme garantieren umfassende Sicherheit. Aber auch die Risiken nehmen zu. Die Arbeitsmärkte verändern sich tiefgreifend. Zwar vermehren sich die Angebote an Gütern und Dienstleistungen exponentiell und mit ihnen die möglichen Optionen. Aber ihre Begrenzung durch die fortschreitende Ausbeutung der Erde wird zunehmend wirksam. Die fortdauernde Revolution der Kommunikationstechnologie führt zu neuen Formen der Information und Wissensvermittlung und einer praktischen Entgrenzung ihrer Verfügbarkeiten. Unsere Bevölkerung altert und verändert ihre demographische Struktur, nicht zuletzt als Folge einer lange verdrängten Einwanderung. Die Globalisierung stellt unsere westliche Sicht der Dinge in Frage und führt zu ganz neuen Begrenzungen unserer »berechtigten« Ansprüche. Nicht zuletzt verändern sich damit unsere allgemeinen Wertvorstellungen.

All das führt zu wachsender Verunsicherung. Sie wird durch die Wirtschaftskrise weiter verstärkt. Betroffen sind vor allem die Familien. In ihnen wird wesentlich über unser aller Lebensqualität und Zukunft entschieden. Sie tragen damit eine große

Verantwortung. Ihre Last können ihnen der Staat und die Zivilgesellschaft zwar erleichtern, aber nicht abnehmen. Entsprochen wird ihrer Verantwortung letztlich in der Freiheit der kleinen Lebenskreise.

Was bedeutet das für die staatlichen Institutionen, für Bund und Länder, für unser Gemeinwesen? Sie können den Veränderungen nur dann intelligent entsprechen, wenn sie ihre Bedeutung erkennen und nach angemessenen Antworten suchen, ohne sich von bestehenden Denk- und Strukturbesitzständen behindern zu lassen. Zentrale Entscheidungen jedenfalls sind nur in sehr begrenztem Umfang geeignet, gültige Antworten zu geben. Fehlende Erfahrungen mit neuen Wirklichkeiten verlangen nach vorläufigen Antworten, die sich im Laufe ihrer Erprobung korrigieren lassen, ohne die Stabilität des Ganzen zu riskieren. Zentrale Antworten, die fast immer durch Gesetze gegeben werden, sind ihrem Anspruch nach endgültige Antworten, auch wenn sie sich als falsch erweisen. Sie lassen sich in der Regel erst dann korrigieren, wenn die Beweise gegen ihre Tauglichkeit erdrückend geworden sind. Bis dahin steigen die Kosten einer Korrektur mit dem Quadrat der verlorenen Zeit.

Die veränderte Wirklichkeit stellt uns neue Fragen. Es erscheint sinnvoll, bei der Suche nach neuen Antworten, zumindest im Bereich des Sozialen, dem Grundsatz der Subsidiarität zu folgen. Das bedeutet zweierlei: zum einen den Wettbewerb um die richtigen Antworten zu befördern; zum zweiten die Erprobung neuer Wege so weit wie möglich auf die kommunale Ebene zu verlagern. Denn es sind die Familien, ihre kleinen Lebenskreise und die kommunale Gemeinschaft, bei denen in erster Linie die Folgen der Veränderungen wahrgenommen werden.

Deshalb sind sie es, die mit nachbarschaftlichem Engagement, bürgerlicher Initiative und eigenen Einrichtungen nach Antworten suchen. Die Vielfalt der Versuche und ihrer Erprobung, die sich so entwickelt, bietet die beste Gewähr dafür, dass die Innovationspotentiale der Gesellschaft voll erfasst und ausgeschöpft werden. Nur so kann auch verhindert werden, dass die organisierten Besitzstände gegen unbequeme Alternativen mobil machen und vom Gesetzgeber eine Antwort verlangen, die ihre Interessen bedient und dem bunten Treiben vor Ort ein Ende bereitet.

Die zweckmäßige Organisation innovativer Prozesse, die Antworten auf die neuen Fragen unserer Zeit suchen, ist durchaus kompatibel mit dem Grundsatz der Subsidiarität als Ausdruck freiheitlicher Ordnung. Mehr noch: Die Rationalität des Subsidiaritätsprinzips führt dazu, dass gesellschaftliche Prozesse, die sich nach seinen Grundsätzen organisieren, in der Regel solchen überlegen sind, die zentral und bürokratisch gesteuert werden.

III

Die Familie als Fundament der Sozialordnung

Wenn die Sozialordnung auf den Füßen steht, ist die Familie ihr Fundament. Die wohl wichtigste Voraussetzung für jeden Versuch, der Familie – und den »kleinen Lebenskreisen« – wieder die tragende Rolle in unserer Sozialordnung zu sichern, ist ihre *Subsidiaritätsfähigkeit*. Gemeint ist die Möglichkeit der Institution Familie, ihre rechtlich gesicherten und praktisch mobilisierbaren Fähigkeiten selbstbestimmt zu entfalten und den durch Subsidiarität geschützten Raum der Freiheit und Eigenverantwortung wirksam auszufüllen. Sie soll in der Lage sein, sich staatlicher Interventionen in den Kernbereich der Familie zu erwehren und ihre Mitglieder vor den Folgen derartiger Interventionen zu schützen. Diese Fähigkeit hat die Familie im Zuge der fortschreitenden interventionistischen

Sozialpolitik des Staates zunehmend eingebüßt. Nicht nur der einzelne Bürger, auch die Familie wurde durch die umfassende Sozialpolitik konditioniert. Sie wurden gewissermaßen dazu erzogen, weniger in der Ausübung von Eigenverantwortung als in staatlicher Förderung ihre Sicherheit zu sehen.

Das Familienideal des 19. Jahrhunderts hat die Realitäten des beginnenden 21. Jahrhunderts nicht überlebt. Der Geburtenrückgang, die technisch-naturwissenschaftliche Revolution in allen Lebensbereichen, die durch den gestiegenen Wohlstand bewirkte Vermehrung von Optionen und Verführungen und die zur Disposition gestellte Idee der lebenslangen Bindung durch die Ehe schufen eine neue Wirklichkeit. Mit ihr wurden auch die überkommenen Wertvorstellungen durch einen neuen Wertekanon abgelöst.

Das Verhältnis von Freiheit, personaler Verantwortung und Solidarität einerseits, sozialstaatlicher, durch Gesetz angeordneter kollektiver Solidarität andererseits hat sich verschoben. Der personalen Verantwortung ist die Evidenz ihrer Unverzichtbarkeit verloren gegangen. Der umfassende Sozialstaat hat sich den Anforderungen dieser Entwicklung nicht verweigert; er hat ihnen entsprochen und sie politisch befördert. Dass eine große Mehrheit der Bevölkerung in ihm heute den eigentlichen Garanten ihrer Sicherheit sieht, ist dieser Verlagerung von Verantwortung geschuldet.

Diese Entwicklung hat während der letzten Jahrzehnte zur nachhaltigen Relativierung von Ehe und Familie als eigenständige Institutionen geführt. Was übrig bleibt, reicht für eine subsidiaritätsfähige Struktur kaum aus. Es hat sich eine Vielzahl von Teilstrukturen entwickelt: die Bedarfsgemeinschaft, die fast schon zur Regel gewordene Ein-Eltern-Familie, Patchwork-Familien aller Art, Kinder mit und ohne elterlichen Trauschein, Unterhaltsansprüche unabhängig von eherechtlichen Beziehungen der Eltern, Anwendung des Eherechts auf eingeschlechtliche Paare bis hin zum Adoptionsrecht. Alles dies lässt sich als Modernisierung der Institutionen Ehe und Familie durchaus erklären. In der Realität können jedoch viele der neuen Gestaltungsformen die wichtigsten Aufgaben, die der Familie und den kleinen Lebenskreisen in einer durch Subsidiarität geprägten Gesellschaft vorbehalten sind, nicht mehr erfüllen. Sie können ihre Mitglieder nicht länger gegen staatliche Interventionen schützen. Der Freiraum für eigenständige, selbstverantwortete Lebensgestaltung in Gemeinschaft mit anderen ist weitgehend aufgehoben.

Im Selbstverständnis der heutigen Kernfamilie spiegeln sich diese Veränderungen ebenso wider wie in ihrer Einbindung in die Strukturen umfassender staatlicher Betreuung. In dem Maße, in dem staatliche Fürsorge an die Stelle traditioneller Verantwortlichkeiten der Familie tritt, ist die in der Familiensolidarität angelegte Verantwortung verzichtbar. Aus ergänzenden, subsidiären Zuständigkeiten des Staates werden ergänzende, subsidiäre Zuständigkeiten der Familie. Nicht mehr Hilfe zur Selbsthilfe bestimmt das Verhältnis des Staates zur Familie. Vielmehr wird Selbsthilfe nur noch dort erwartet, wo der Sozialstaat versagt oder sich als unzureichend leistungsfähig erweist.

Diese Entwicklung schwächt den inneren Zusammenhalt der Kernfamilie und der kleinen Lebenskreise. Schließlich verlieren sie auch die Kraft zu Leistungen, die der Staat nicht oder nur unzureichend übernehmen kann. Zu ihnen zählt vor allem die Früherziehung der Kinder. Eine wichtige Rolle wird in Zukunft auch die Übernahme von Mitverantwortung für ältere, vor allem pflegebedürftige und kranke Angehörige, aber auch für Menschen spielen, die keine Angehörigen haben. Diese Aufgabe wird mit dem Altern der Bevölkerung rasch anwachsen. Sollten die staatlichen Solidarsysteme bei der Wahrnehmung dieser Aufgabe an ihre Grenzen stoßen und die Kernfamilien den Belastungen durch subsidiäre Leistungen nicht gewachsen sein, könnten sich neuartige Probleme in Gestalt eines kollektiven wie personalen Solidaritätsversagens entwickeln.

Zudem ist bereits heute absehbar, dass die finanziellen Gestaltungsspielräume der aktiven Bevölkerung in den kommenden Jahrzehnten kleiner werden. Die Wachstumsraten sind nicht zu erwarten, die notwendig wären, um die Belastungen auszugleichen, die durch eine hohe Staatsverschuldung, steigende Preise für Grundbedürfnisse, wachsende Kosten der Sozialsysteme sowie steigende Investitionen in Bildung und Wissenschaft und in politische und ökologische Sicherheit ausgelöst werden. Selbst wenn sie möglich wären, würde es an der Bereitschaft der großen Mehrheit der Bevölkerung fehlen, die notwendigen Mehrleistungen zu erbringen, sei es durch eigene Arbeit, durch Kapitalbildung zu Lasten des Konsums oder durch höhere staatliche Belastungen.

So könnte sich eines Tages ein wirksamer sozialer Druck aufbauen, dem sich Menschen ohne den Schutz der Familie, die in Einsamkeit, im Altersheim oder als Pflegefall leben, kaum werden entziehen können. Je unverhältnismäßiger die Belastungen der aktiven Generationen durch die nicht mehr aktiven werden, weil die Strukturen fehlen, die eine neuartige Lastenverteilung erlauben, umso offener wird sich die Versuchung melden, die Alten zu ermutigen, diese Last aus Gründen der Solidarität mit den Jüngeren durch die freiwillige Beendigung ihres Lebens zu verringern – »freiwillige« Frühverrentung, um Jüngeren Platz zu machen; »freiwillige« Lebensverkürzung, um Jüngere zu entlasten. In der seit einiger Zeit geführten Debatte über die Zulässigkeit von Sterbehilfe und ein »selbstbestimmtes« Lebensende könnte sich diese Versuchung bereits ankündigen. Umso wichtiger ist es, nicht allein auf die überkommene Sozialordnung zu bauen, sondern vor allem auf die Regenerationsfähigkeit der Familien, der kleinen Lebenskreise und der Kommunen.

Aus all dem folgt: Der »subsidiaritätsfähige Lebenskreis«, im

Idealfalle auf der Kernfamilie aufbauend, mit anderen Lebenskreisen vernetzt und durch die kommunale Ebene getragen, ist eine unverzichtbare Voraussetzung für personale Selbstständigkeit und Selbstbestimmung im Rahmen einer Gemeinschaft, die die gemeinsame Bewältigung von Lebenschancen und Lebensrisiken ebenso im Blick hat wie das Wohl aller drei Generationen.

Mit den gegenwärtigen Krisen und den absehbaren Folgebelastungen, die der staatlichen Ebene bereits heute erwachsen, eröffnet sich die Chance, Subsidiarität und personaler Solidarität wieder zu ihrem Recht zu verhelfen, Familien und kleinen Lebenskreisen, der »Basis« unserer Sozialordnung, das Tor zu mehr Freiheit zu öffnen. Gelingt dies, dann werden sich auch die sozialen Großsysteme nicht der Notwendigkeit verschließen können, dezentrale Strukturen zu entwickeln. Dass ein solcher Schritt angesichts der Größe und des Gewichts dieser Systeme sowie des Einflusses und Widerstands der sozialpolitischen Besitzstände zu einer Machtfrage werden muss, ist offensichtlich. Doch die Zeit ist reif, diese Machtfrage zugunsten von Subsidiarität, personaler Solidarität und mehr Freiheit zu entscheiden.

Solche Veränderungen geschehen nicht über Nacht. Vielleicht wird es eine Generation dauern. Aber die Generation, die derzeit heranwächst, wird schon aus Gründen des eigenen Wohls und eines neuen Verständnisses von Gerechtigkeit zwischen Jung und Alt mehr Raum für Freiheit und Eigenverantwortung einfordern. Sie wird die ökonomisierten Ziele unserer Zeit als Zweck sehen, nicht als letzten Sinn. Sie wird in Zusammenhängen denken und unter Kultur mehr verstehen als wirtschaftliche Standortvorteile. Wenn nicht schon früher – spätestens mit dieser Generation wird es möglich sein, unsere Sozialordnung wieder vom Kopf auf die Füße zu stellen, Subsidiarität und personaler Solidarität zu ihrem Recht zu verhelfen.

Eine derartige Erneuerung kann nur erfolgreich sein, wenn es gelingt, Freiheit und Verantwortung nicht nur in der Familienpolitik, sondern auch in der Sozialpolitik mehr Raum zu sichern. Die Familienpolitik ist auf so vielfältige Weise mit der Sozialpolitik verbunden, dass es kaum möglich erscheint, in der einen Werte wie Freiheit und Eigenverantwortung zum Durchbruch zu verhelfen, während sie in der anderen weiterhin auf entschiedene Ablehnung stoßen. Das eine kann ohne das andere nicht gelingen.

Die Familie, die kleinen Lebenskreise und die Kommunen sind die eigentliche Schule der Demokratie. Nur dort können die Grundlagen für einen verantwortungsvollen Umgang mit persönlicher Freiheit, Eigenverantwortung und Verantwortung für die Nächsten erworben werden. Ohne diese Tugenden haben Demokratie und Zivilgesellschaft keine Zukunft. Ohne sie fehlt den Bürgern aber auch die Kraft, sich der Versuchung zu erwehren, Freiheit und Eigenverantwortung einzutauschen gegen staatliche Fürsorge und Sicherheit – und damit beides zu riskieren.

Dass diese Voraussetzungen sich in einer freien Bürgergesellschaft entwickeln und dauerhaft etablieren, ist nicht selbstverständlich. Es ist das Ergebnis ständiger Bemühungen jedes einzelnen Bürgers wie auch der Gesellschaft insgesamt um den Bestand, die Entwicklung und Erneuerung der tragenden politischen und kulturellen Grundlagen ihrer freiheitlichen Ordnung. In Ländern, in denen unsere Erfahrungen mit dem verbrecherischen Missbrauch staatsbürgerlicher Loyalität nicht Teil ihrer Geschichte geworden sind, könnte man unbefangener als bei uns von der Seele der Nation sprechen.

Die Bereitschaft der Deutschen, für ihre Freiheit einzustehen und Verantwortung für sich und die Gemeinschaft zu übernehmen, ist derzeit nicht besonders hoch entwickelt. In der Familien- und Sozialpolitik ist nach wie vor das Echo der Denkstrukturen zu vernehmen, die bis vor hundert Jahren das Verhältnis von Obrigkeitsstaat und Untertan geprägt haben. Wer sich an dieser Beobachtung stößt, muss zur Kenntnis nehmen, dass sich der umfassende Wohlfahrtsstaat bei der großen Mehrheit der Bevölkerung unerschütterlicher Zustimmung erfreut. Unter dem Eindruck der jüngsten Wirtschafts- und Finanzkrise und der erheblichen zusätzlichen Leistungen, die der Staat zu ihrer Überwindung erbringt, wird sie weiter wachsen. Der umfassende Sozialstaat ist in Deutschland fest verwurzelt.

So überrascht es nicht, mit welchen Auswirkungen die Befragten in einer Umfrage aus dem Jahre 2005 für den Fall rechneten, dass der Staat weniger Aufgaben übernehmen und den Bürgern mehr Raum für Freiheit und Verantwortung lassen würde. Ermutigend ist, dass rund die Hälfte der Befragten meinen, der Zusammenhalt der Familie werde dann wichtiger. Aber 61 Prozent erwarten auch, dass die Reichen dann immer reicher, die Armen immer ärmer würden. Nur 14 Prozent glauben, es würde mehr Solidarität, mehr Zusammenhalt zwischen den Menschen geben. Dagegen sind 62 Prozent davon überzeugt, die Gesellschaft werde kälter und egoistischer. 42 Prozent sagen voraus, dass es mehr Arbeitslose geben werde. 53 Prozent sind überzeugt, nur noch die Starken würden sich durchsetzen. Dass das Selbstbewusstsein der Bevölkerung wachsen und die Menschen sich mehr zutrauen würden, erwarten gerade einmal 13 Prozent. 71 Prozent sind überzeugt, die Absicherung von Krankheit und Alter werde schlechter. An mehr Wohlstand glaubt praktisch niemand. Aber 33 Prozent sehen voraus, dass das Anspruchsdenken zurückgehe und man genügsamer werde. Und rund 38 Prozent fürchten soziale Unruhen. Wie andere jüngere Umfragen zeigen, hat sich an dieser Haltung wenig verändert.

Jeder Versuch, das bestehende Verhältnis von selbstverantworteter Freiheit und wohlfahrtsstaatlichem Anspruch zuguns-

Jüngeren genießt sie, wenn es um ihre Lebensentwürfe geht, wieder höchste Priorität. In Zeiten des Umbruchs und verlorener Gewissheiten ist sie der Ort, an dem Menschen jene Zuwendung und personale Solidarität erfahren, ohne die ihnen das Leben kalt und letztlich ohne Sinn erscheint. Wer, wie wir Älteren, die Zeit des Umbruchs unmittelbar nach der Katastrophe des Zweiten Weltkriegs erfahren hat, weiß um die Bedeutung der Familie als dem einzigen verbliebenen Ort der Zuflucht – und um die Stabilität der vorstaatlichen Fundamente, auf denen sie gründet.

Das Konzept einer an Subsidiarität und personaler Solidariät ausgerichteten Familien- und Sozialpolitik, die Freiheit und Verantwortung des Einzelnen fördert, kann eine sinnstiftende Alternative sein zu einer Welt ständiger materieller Wohlstandssteigerung, deren wachsende Leistungsanforderungen durch ihre abnehmende Plausibilität widerlegt werden. Eine Alternative nicht nur im Sinne neuer Formen der Organisation menschlichen Zusammenlebens, sondern auch eines neuen Verhältnisses von materiellen und immateriellen Bedürfnissen der Menschen. Eine Alternative, die der Erkenntnis Rechnung trägt, dass ein Volk nur dann eine Zukunft hat, wenn es in der Gegenwart die Fähigkeit besitzt, auf die Stimmen der Ahnen zu hören und die Lebensinteressen der Nachkommen zu respektieren. Eine Alternative schließlich, die angesichts der Risiken, die mit einer Fortsetzung der gegenwärtigen Sozialpolitik verbunden sind, öffentlich diskutiert werden muss.

Aus der Front der Bewahrer der bestehenden Sozialordnung ist immer wieder zu hören, die gegenwärtigen Grenzen des Sozialstaates ließen sich durch das Wachstum der Wirtschaft überwinden. Diese Erwartung ist jedoch nicht tragfähig. Zum einen lässt sich Wachstum nicht anordnen. Ob eine alternde Gesellschaft im Wachstum der Wirtschaft ihre höchste Priorität sehen wird, ist zweifelhaft. Doch selbst wenn sich die Einnahmen des Staates und der Sozialsysteme unerwartet schnell erholen, werden kaum nennenswerte Mittel für eine zusätzliche Bedienung sozial- oder familienpolitischer Leistungen zur Verfügung stehen. Denn zunehmend werden politische Entscheidungen, die mit öffentlichen Ausgaben verbunden sind, unter Gesichtspunkten der Generationsgerechtigkeit bewertet werden. Legt man ihre Kriterien zugrunde und berücksichtigt die bereits vorhandene Staatsverschuldung, dann kann von einer Überwindung der jetzigen Krise wohl erst dann die Rede sein, wenn auch die krisenbedingten Staatsschulden zurückgeführt worden sind. Unter allen denkbaren politischen und wirtschaftlichen Konstellationen wird das erst in fernerer Zukunft gelingen.

Soweit mit einer Erholung der Wirtschaftsleistung zusätzliche Staatseinnahmen entstehen, werden sie zudem neben der Begrenzung der Neuverschuldung des Staates und der Bedienung der vorhandenen Verschuldung durch Aufgaben in Anspruch genommen werden, die ausschließlich zukunftsorientiert sind: für Investitionen in Personal und Infrastruktur von Ausbildung, Forschung und Entwicklung, für die Beseitigung ökologischer und infrastruktureller, auch durch die bisherige Wachstumspolitik verursachter Fehlentwicklungen, für Investitionen in Energiesicherheit, für die Wahrnehmung europäischer und internationaler Aufgaben, die der Sicherheit unseres Landes und Europas dienen. Eine Politik, die derartigen Aufgaben den Vorrang vor weiteren sozialpolitischen Ausgaben verweigert, wäre weder mit dem Allgemeinwohl noch mit dem Grundsatz der Generationsgerechtigkeit vereinbar. Sie würde zugleich das Risiko eingehen, den Zusammenhalt zwischen den Generationen zusätzlich zu belasten.

Nach all dem erscheint deshalb die Schlussfolgerung gerechtfertigt, dass der Sozialstaat in absehbarer Zukunft ohne tiefgreifende Veränderungen seiner Strukturen und ihrer Finanzierung kaum in der Lage sein wird, selbst seine bisherigen Leistungsversprechen aufrechtzuerhalten. Dies wiederum gilt vor allem für das Rentenversprechen. Die Voraussetzungen, unter denen es abgegeben wurde, sind weitgehend entfallen. Seit der Einführung der dynamischen Rente haben sich die Altersstruktur der Bevölkerung, ihre Zusammensetzung und die Arbeitsmärkte grundlegend und dauerhaft verändert. Vor allem ist der Anteil der teilzeitbeschäftigten Frauen und Männer auf rund ein Drittel aller sozialversicherten Beschäftigten angewachsen. Von ihnen wiederum ist ein wesentlicher Anteil nur geringfügig beschäftigt. Sie können im Alter keine Rente erwarten, die die Höhe der Grundsicherung nach Hartz IV erreicht.

Die demographische Veränderung der Bevölkerungsstruktur trägt das ihre dazu bei, das Verhältnis der Beitragszahler zu den Rentnern mit dem Renteneintritt der geburtenstarken Jahrgänge nachhaltig zum Nachteil der Aktiven zu verändern. Auch deshalb wird der Sozialstaat gezwungen sein, die Beiträge seiner Einrichtungen zu einem Leben im Alter zunehmend auf die Gewährung einer Grundausstattung zu beschränken: Grundsicherung, medizinische Grundversorgung, subsidiäre Pflegeversorgung. Das ist nicht wenig. Aber es bleibt weit hinter den seit Jahrzehnten begründeten Erwartungen der Bevölkerung zurück.

So sehen sich die Institutionen des Sozialstaats in den kommenden Jahren vor eine für unser bisheriges sozialpolitisches Verständnis gleichermaßen neue wie revolutionäre Aufgabe gestellt. Sie ist ebenso revolutionär wie ihr Anlass: die Bewältigung der demographischen Revolution. Um den Grundsätzen der Subsidiarität und der personalen Solidarität entsprechen zu können, müssen auch sie sich neu erfinden. Und dies mit einem Ergebnis, das nicht als Katastrophe begriffen wird, sondern als die Überwindung einer ökonomisierten und durch vormundschaftliche Strukturen beengten Lebensweise; als eine Reform im besten Sinne des Wortes. Sie verhilft den kleinen Lebenskreisen wieder zu ihrem Recht, wird ihrer Vielfalt und wachsenden Bedeutung gerecht, respektiert ihre Freiheitsräume, mobilisiert ihre personale Solidarität und akzeptiert ihre Aufgabe, den Einzelnen in seinem Verhältnis zum Staat und seinen hoheitlich organisierten Sozialstrukturen schützend und vermittelnd zu begleiten. Kurz: eine Reform, die eine sinnstiftende Alternative zur immer anstrengender werdenden materiellen Wohlstandsmehrung bietet.

Dieses Ziel mag den politischen Gestaltern von heute idealistisch erscheinen. Aber wie viele Beispiele zeigen, ist eine solche Entwicklung längst im Gange. Sie macht deutlich, dass wirkliche Innovationen in der Gesellschaft nicht oben gestaltet werden können, ehe sie nicht unten gesucht und gefunden worden sind – als Antworten auf eine Wirklichkeit, deren Bedeutung noch nicht zu den Regierungen und Besitzständen vorgedrungen ist.

Das heißt aber auch: Wer sich auf die Zeit vorbereiten will, die sich mit den Veränderungen unserer Lebenswelt ankündigt, der muss sich frei machen von bisherigen Erfahrungen und sich öffnen für die Möglichkeiten, die die neue Wirklichkeit bereit hält. Das gilt vor allem für die zukünftigen Älteren. Sie werden, wie alle Umfragen zeigen, in ihrer großen Mehrheit auch nach dem sechzigsten Lebensjahr jung und unternehmerisch sein. Das ist gut so! Denn die neue Wirklichkeit wird sie nicht mit dem 61. Lebensjahr aus ihren Pflichten entlassen und »in Rente« schicken. Sie werden auch weiter gebraucht werden: im Arbeitsmarkt, als Selbstständige, als Teilnehmer einer großen Vielfalt von Aktivitäten in der Gemeinde, im Verein oder in den kleinen Lebenskreisen, als Helfer für Junge und Alte in Not, als Erfahrene, wenn vorhandenes Wissen nicht ausreicht, als Lernende, wenn ihnen selbst Wissen fehlt.

Aber auch als Paten und Begleiter junger Menschen, denen es nicht gelungen ist, einen Schulabschluss zu erreichen oder

1. Mit dem Ende des Familienideals des 19. Jahrhunderts muss das Prinzip familiärer Lebensführung – Kinder zu haben und im familiären Raum großzuziehen, für einander einzustehen und zu versuchen, das eigene Leben selbst zu gestalten – nicht aufgegeben werden. Es muss neu gestaltet, die Familie muss neu erfunden werden. Wir wissen heute noch nicht, wie die Lebensformen der Zukunft aussehen werden. Gleichwohl lassen sich einige Rahmenbedingungen nennen, die es erleichtern werden, das Prinzip Familie auch in Zukunft sinnerfüllt zu leben.

2. Zu den wichtigsten Bedingungen der Weiterentwicklung familiärer Lebensformen in einer neuen Vielfalt gehört, dass kleine Lebenskreise und neue Lebensformen der Familien auf die Unterstützung der Nachbarschaft und der Gemeinde rechnen können. Denn die eigentlichen Rahmenbedingungen von Subsidiarität und personaler Solidarität werden auf der gemeindlichen Ebene geschaffen. Neben der Bundes- und Landesebene muss sich eine kommunale Familienpolitik entwickeln können. Ihr muss es möglich sein, die Familienpolitik auf das Kindeswohl und das Wohl der Älteren zu erweitern.

3. Unter Gesichtspunkten der Subsidiarität sind im Verhältnis zur Familie und den kleinen Lebenskreisen weder der Bund noch die Länder die nächsthöhere Ebene. Dies ist zunächst immer die Kommune. Nur sie kann angesichts ihrer Sachverhaltsnähe dazu beitragen, dass auch diejenigen Familien und Kinder Möglichkeiten für kommunale Teilhabe finden, denen es aus unterschiedlichen Gründen schwerfällt, sich nachbarschaftlich zu engagieren und wechselseitig zu unterstützen. Dies gilt vor allem für Familien, die aus anderen Ländern und Kulturen zu uns kommen. Stets geht es um die produktive Gestaltung eines neuen Wechselverhältnisses zwischen der Entwicklung eigenstän-

diger Lebensperspektiven im Raum der Familie und der kleinen Lebenskreise und professioneller Unterstützung.

4. Im Bereich der Wirtschaft können Familien und kleine Lebenskreise ihre Kraft und Wirksamkeit nur dann entfalten, wenn die Unternehmen und die Kommunen mitwirken. Sie müssen intelligente Antworten auf die neuen Bedürfnisse entwickeln, die sich aus der veränderten Arbeitswelt ergeben. Ansätze, die eine bessere Vereinbarkeit von Familien und kleinen Lebenskreisen mit wirtschaftlichen Notwendigkeiten anstreben, sind bereits erkennbar. Bisherige Praktiken sollten durch Lösungen ersetzt werden, in denen ökonomisches Wachstum nicht der alleinige Maßstab unternehmerischen und politischen Handelns ist.

5. Wo Familien und Alleinerziehende mit ökonomischen und organisatorischen Problemen zu kämpfen haben, können kleine Lebenskreise und kommunale Initiativen Entlastung bringen durch die Organisation von Skalenvorteilen und die Kombination von professioneller Unterstützung und unentgeltlichen Dienstleistungen Dritter. Unterstützung durch die Landes- und Bundesebene sollte sich in derartige Prozesse einbringen, sie aber nicht ersetzen. Dies gilt umso mehr, als die bisherigen Instrumente des Steuerrechts und der Subventionen kaum erfolgreich sind, wenn es darum geht, Familien mit Kindern so zu unterstützen, dass die Lebensformen der Eltern nicht die ökonomischen Chancen der Kinder bestimmen.

6. Damit die Kommunen ihre Möglichkeiten voll ausschöpfen können, muss ihre finanzielle Basis gestärkt werden. Sie brauchen dafür eigene Einnahmequellen, beispielsweise ein Hebesatzrecht bei der Einkommensteuer. Auch andere kleine Lebenskreise sollten bessere rechtliche Rahmenbedingungen für die Entfaltung ihrer Fürsorgerolle erhalten. Eine Möglichkeit dafür bietet die sogenannte Eingetragene

Partnerschaft. Sie sollte über ihre heutige Bestimmung hinaus generell als Rechtsform für Menschen zugelassen werden, die füreinander Verantwortung übernehmen und tragfähige Bindungen eingehen wollen. Also auch dann, wenn es sich nicht um gleichgeschlechtliche Beziehungen handelt.

Weitere rechtliche Rahmenbedingungen, die kleine Lebenskreise stärken, sind Maßnahmen, die den Privathaushalt als Arbeitgeber aufwerten. Ob es sich um eine Alleinerziehende handelt, die von einer engagierten Nachbarin unterstützt wird, um eine Pflegebedürftige, der regelmäßig von Bekannten vorgelesen wird, oder um die Mutter von sechs Kindern mit Migrationshintergrund, die Hausaufgabenhilfe für ihre Kinder erhält: Alles, was solche Angebote einfacher macht, sollte gefördert werden.

Inzwischen ist es selbstverständlicher geworden, die Altersversorgung nicht ausschließlich als Angelegenheit des Staates zu betrachten. Neben dieser materiellen Eigenverantwortung muss eine immaterielle Eigenverantwortung gestärkt werden: Zu den nötigen Antworten auf den demographischen Wandel gehört neben dem individuellen Sparen auch ein Beitrag dazu, dass eine Kultur des Engagements in kleinen Lebenskreisen entstehen und wachsen kann. Gerade die Generation der geburtenstarken Jahrgänge wird dereinst auf solches Engagement angewiesen sein.

7. Die wissensbasierte Wirtschaft mit ihrer wissenschaftlich-technischen Fähigkeit, die Produktivität der Arbeitsplätze zu steigern, erschwert die Vermehrung von Arbeitsplätzen selbst dann, wenn es gelingt, die Wirtschaftsleistung zu steigern und die Bevölkerung, insbesondere die über 60-Jährigen, besser auszubilden. Die angemessene Beschäftigung einer wachsenden Zahl von Menschen ist durch ihre Teilnahme an der wirtschaftlichen Wertschöpfung allein nicht

zu erreichen. Dies umso mehr, als man mit einem Anstieg der Bereitschaft rechnen muss, auch nach dem 60. beziehungsweise 65. Lebensjahr weiterzuarbeiten. Deshalb bieten sich als Alternative unentgeltliche Tätigkeiten oder »Märkte« an, die im Rahmen der Bedürfnisse von Familien, kleinen Lebenskreisen und kommunalen Initiativen entstehen und zu deren Entlastung beitragen sollen.

8. Häufig wird unterstellt, der Vorrang kleiner Lebenskreise bei der Bewältigung von Aufgaben der Fürsorge funktioniere vor allem dort, wo vom Sozialstaat wenig geleistet werden müsse: in bürgerlichen Milieus. In Wirklichkeit aber ist der heutige Sozialstaat gerade in bildungsfernen, vielfach vernachlässigten Bezirken und Regionen mit der Lösung der Probleme allein überfordert, schon weil er der Vielfalt der Lebenssachverhalte nicht gerecht werden kann. Ihnen kann nur das komplementäre familiäre, nachbar- oder gemeinschaftliche Engagement auf kommunaler Ebene entsprechen.

Ein besonderes Problem für Familien oder familienähnliche Lebenskreise (Bedarfsgemeinschaften) ist die Langzeitarbeitslosigkeit. Langzeitarbeitslose und ältere Menschen in geeignete Tätigkeiten zu vermitteln kann sich nicht im Nachweis geeigneter Stellen erschöpfen. Vielfach sind persönliches Engagement, Patenschaften und die aktive Mitwirkung der lokalen Unternehmen für den Erfolg erforderlich. Derartige Leistungen sind auf überregionaler Ebene, wenn überhaupt, nur in engen Grenzen möglich. Im Blick auf die vielfältigen Verflechtungen dieser Aufgabe mit anderen auf kommunaler Ebene angesiedelten Betreuungsaufgaben erscheint eine erfolgreiche Vermittlung von Langzeitarbeitslosen deshalb nur auf kommunaler Ebene möglich.

9. Kleine Lebenskreise werden auch als Anbieter von Teilhabechancen für ältere Menschen unverzichtbar sein. Auch

sie können weder bundes- noch landesweit organisiert werden. Bundesweit kann allein ein vertretbares Alterseinkommen, notfalls durch eine Grundsicherung ohne Bedürftigkeitsprüfung oder ein Grundeinkommen, gesichert werden. Die Teilhabe der Älteren darf nicht abhängig sein von ihrer Fähigkeit, sich durch entgeltliche Arbeit im ersten Arbeitsmarkt ein ausreichendes Einkommen zu sichern. Soweit es um aktive Mitwirkung am Leben der Privathaushalte und kleinen Lebenskreise geht, wird diese immer häufiger unentgeltlich erfolgen, schon aus Kostengründen für die Empfänger der Leistungen.

10. Mit Blick auf ihre familienpolitischen Aktivitäten und Initiativen sollte es durch die kommunale Verbandsebene Quervergleiche und Bewertungen geben. Durch sie lässt sich sichtbar machen, welche Maßnahmen der Städte zur Lösung familienpolitischer Anliegen beitragen können und unter welchen Bedingungen. Schon heute existieren zahlreiche Initiativen, durch die Organisation kleiner Lebenskreise zur Verbesserung der Vereinbarkeit von Familie und Beruf beizutragen. Durch Vergleiche werden diese Innovationen weiter befördert.

11. Bei der Neugestaltung einer kommunalen Politik für Familien und kleine Lebenskreise handelt es sich um eine Querschnittsaufgabe. Mit den bisherigen Formen der Zusammenarbeit zwischen dem zuständigen kommunalen Ressort und den relevanten, vertikal gegliederten Ressortzuständigkeiten des Bundes und der Länder ist es nicht möglich, eine neue, in sich schlüssige Politik für Familien und kleine Lebenskreise zu verwirklichen. Denn diese baut nachhaltig auf Subsidiarität sowie personale und staatlich organisierte Solidarität und begreift die Fähigkeiten der Familien, kleinen Lebenskreise und kommunalen Gemeinschaften als Ausdruck einer freiheitlichen Ordnung.

Diese Neugestaltung ist unverzichtbar. Denn die Unübersichtlichkeit der staatlichen Interventionen und die Fülle der allein in der Familienpolitik angebotenen Programme wachsen ebenso wie die damit verbundenen bürokratischen Lasten und Widersprüchlichkeiten. Deshalb wird es ohne eine grundlegende Erneuerung nicht möglich sein, das Potential an Freiheit und Verantwortungsbereitschaft, aber auch an Synergien zu heben, das Subsidiarität und personale Solidarität in sich tragen.

12. Der hier empfohlene Prozess hat zum Ziel, die Rollen der Familie, ihrer kleinen Lebenskreise und der kommunalen Gemeinschaft einerseits und des Sozialstaats mit seiner spezifischen familienpolitischen Ausprägung andererseits neu zu erfinden. Die Entwicklungen der letzten Jahrzehnte haben beide, Familie und Sozialstaat, geschwächt. Die Familie, die kleinen Lebenskreise und die Kommunen verloren zunehmend ihre rechtlich gesicherte Fähigkeit zur Eigenverantwortung in einem durch Subsidiarität geschützten Raum der Freiheit und Autonomie. Und der Sozialstaat verlor durch die ständige Expansion seiner Zuständigkeiten bis in den Bereich personaler Verantwortung seine Fähigkeit, sich auf die wesentlichen sozialpolitischen Aufgaben zu beschränken.

Es wäre viel gewonnen, wenn die Enquete-Kommission des Bundestages diese Überlegungen in ihre Beratungen einbeziehen würde. Denn die Verwirklichung der Subsidiarität in der sozialen Ordnung dient nicht nur der Freiheit und der Würde des Menschen. Sie wird letztlich die Lebensqualität heben, den Zusammenhalt der Gemeinschaft stärken, den Bürgern die Teilnahme am kommunalen Leben erschließen, Geborgenheit ohne Vormundschaft bieten und Möglichkeiten für ein sinnstiftendes Leben in einer Weise eröffnen, wie es keine andere

Trotz aller Aufmerksamkeit für dieses Thema wird nicht den wahren Ursachen nachgegangen, sondern nach Wegen gesucht, mit den Folgeerscheinungen fertig zu werden. Das mag viele Gründe haben: die Scheu etwa, die herrschende Auffassung zur Rolle der Frau zu hinterfragen oder die Ursachen für die Verarmung alleinerziehender Mütter zu erforschen. Einfacher ist der Ruf nach dem Sozialstaat. Von ihm wird erwartet, dass er die Verantwortung für die Folgen einer falschen Bewertung der Arbeit übernimmt, ohne den herrschenden Grundkonsens über die wünschenswerte Arbeitsteilung zwischen Mann und Frau in Frage zu stellen. Und das möglichst ohne zusätzliche Kosten.

Nach dem, was wir bisher über eine freiheitliche Wirtschafts- und Sozialverfassung festgestellt haben, ist dies der falsche Weg. Bleiben wir beim Beispiel der Mütter, die ihre Kinder allein erziehen – und sich damit die bürokratische Bezeichnung »Alleinerziehende« eingehandelt haben. Rund vierzig Prozent von ihnen beziehen inzwischen eine Grundsicherung für Arbeitsuchende. Da die Förderung und Erziehung ihrer Kinder keine »entgeltliche« Arbeit ist, müssen sie für ihren Lebensunterhalt ihre Bedürftigkeit nachweisen – und ihre Bereitschaft, sich wieder um Arbeit zu bemühen, auch wenn dies nicht dem Kindeswohl entspricht. Der Sozialstaat ist weder fähig, mit seinen standardisierten Regeln der Vielfalt der Gegebenheiten sachlich gerecht zu werden, noch darf er seinen Behörden ein entsprechendes Ermessen einräumen. Als Folge wird aus der Mutter eine Bittstellerin beim Sozialamt und eine überforderte Frau, zurückgeworfen auf ihre aufreibende Doppelrolle: ihr Kind zu einem freien, verantwortungsfähigen Bürger heranzuziehen und für beide einen angemessenen Lebensunterhalt zu verdienen, der über dem vom Bundesverfassungsgericht definierten Minimum liegt. Oder sie sucht einen Ausweg in der Schattenökonomie und geht das Risiko ein, sich strafbar zu machen.

Jede Mutter, die auf diesem Weg überfordert wird, ist ein

Mensch ohne Freiheit. Und jedes Kind, das auf diese Weise aufwächst, ist gefährdet, jedenfalls aber benachteiligt. Denn es hat keine wirkliche Chance, die Bedeutung personaler Verantwortung zu erfahren. So entscheidet es sich immer öfter dazu, in »Hartz IV« Zuflucht zu suchen. Es wandert aus in eine andere Welt. Dort findet es »Freiheit« nur noch außerhalb unserer Regeln. Und all das, weil wir nicht in der Lage sind, auch die Familienarbeit als Ausdruck der Würde des Menschen zu begreifen und so zu organisieren, dass das Ergebnis nicht nur der Würde der Betroffenen, sondern auch dem Nutzen ihrer Arbeit für die Allgemeinheit gerecht wird.

Dem Sozialstaat sind dazu noch keine wirklich weiterführenden Wege eingefallen. Soweit es um die Fertilität der Familien geht, sind die Ergebnisse seiner expandierenden Förderung wenig beeindruckend. Seine Erfolge misst er eher an der Zahl der Väter, die sich durch die angebotenen Leistungen anregen lassen, im System des Elterngeldes sogenannte »Vätermonate« in Anspruch zu nehmen – wobei es weniger um das Wohl des Kindes geht als darum, die Väter zu erziehen. Sie könnten sich ja mit der Mutter in die Betreuung teilen. Doch 14 Monate Elterngeld gibt es nur, wenn sie dem Sozialstaat ihre betreuerische Teilnahme nachweisen. Ob das Ganze dem Wohl des Kindes nutzt, ist offensichtlich von zweitrangiger Bedeutung. Nur eines lernt es schon in jungen Jahren: Der Sozialstaat ist auch in der Familie allgegenwärtig.

Was bedeutet die Arbeit als Ausdruck der Würde des Menschen nun für die Ganzheitlichkeit der Wirtschafts- und Sozialordnung? Sie ist, gewissermaßen, der Dreh- und Angelpunkt der Gesamtordnung unseres Gemeinwesens. Innerhalb dieser Ordnung ist sie zwischen den beiden antagonistischen Teilordnungen Wirtschaft und Soziales angesiedelt. Auch hier wird jedem Versuch, mehr Freiheit zu verwirklichen, mit Warnungen begegnet, in diesem Fall vor drohender Ausbeutung – vor

Fremd-, zunehmend aber auch vor Selbstausbeutung. Vater Staat sieht sich auch hier gefordert, ist aber wenig geneigt, nach den Ursachen dieser Ausbeutungsphänomene zu forschen. Die Besitzstände, die ihn umgeben, sind daran nicht interessiert. Sie sehen sich nicht unter den möglichen Verursachern.

Traditionell sind Arbeitsmarkt- und Sozialpolitik in einem Ressort vereint. Solange der Arbeitsmarkt unter dem Signum der Großen Sozialen Frage des 19. Jahrhunderts stand, war Arbeit in der Tat ein soziales Problem. Heute gilt das allenfalls noch für diejenigen Arbeitnehmer, denen die für ein freiheitliches Arbeitsleben notwendige Ausbildung fehlt. Ansonsten zeigen die Arbeitsmarktdaten, dass ein immer größerer Teil der Arbeitnehmer die Fähigkeit erworben hat, sich im Markt frei zu bewegen. Nehmen wir die Dauer der Arbeitslosigkeit als Maß für das Risiko, das mit der Freiheit im Arbeitsmarkt verbunden ist; berücksichtigen wir weiter den Schutz, den die Arbeitslosenversicherung während der ersten zwölf Monate der Arbeitslosigkeit gewährt. Dann können wir nicht länger von einem sozialen Problem oder einem Mangel an sozialer Gerechtigkeit sprechen, der eine umfassende staatliche Vormundschaft rechtfertigen könnte.

Im Jahre 2010 verzeichnete die Statistik der Bundesagentur für Arbeit in Nürnberg über sieben Millionen »Abgänge« aus der Arbeitslosigkeit von Menschen, die eine Vollzeitstelle gesucht hatten. Etwa ein Drittel von ihnen, also gut zwei Millionen, war insgesamt weniger als zwei Monate arbeitslos. Eine ungewöhnliche Leistung für einen Markt, dem vormundschaftliches Denken noch immer nicht die Chance geben will, sich zu bewähren. Das heißt aber auch: Dieser Bereich der Arbeit gehört nicht zur Sozialpolitik und damit auch nicht ins Sozialressort. Die fortdauernde »Verwaltung« eines funktionierenden Arbeitsmarktes unter sozialpolitischen Gesichtspunkten ist einer der wesentlichen Gründe dafür, dass es die Freiheit im Arbeitsmarkt so schwer hat. Die Arbeit ist längst zum Kern der Wirtschaftspolitik geworden.

Die Zuordnung zur Wirtschaftspolitik gilt auch für die Tarifpartei Gewerkschaft. Sie vertritt die Arbeitsmarktinteressen ihrer Mitglieder. Dazu wird sie in Gestalt der Tarifautonomie durch die Verfassung legitimiert. Die Arbeitnehmer wirken zudem durch ihre Betriebsräte und die Mitbestimmung im Aufsichtsrat an der Entwicklung der Unternehmen mit. Tarifautonomie, Betriebsverfassung und Mitbestimmung sind Elemente einer subsidiären Ordnung der Arbeit. Die Aufgabe, die Arbeitnehmer vor der Macht derer zu schützen, die über den Einsatz der Produktionsmittel verfügen, wird nicht in erster Linie Vater Staat übertragen. Sie wird von den Arbeitnehmern selbst, durch ihre Gewerkschaften und durch Institutionen gewährleistet, die der Staat zwar zur Verfügung stellt, die ihm jedoch keine Mitsprache gewähren.

Andererseits beanspruchen unsere Gewerkschaften – im Gegensatz etwa zu den angelsächsischen – auch ein sozialpolitisches Mandat. Das hat Tradition. Carl Legien, der erste Vorsitzende des Allgemeinen Deutschen Gewerkschaftsbundes, sah bereits um die Wende zum 20. Jahrhundert die Aufgabe des Gesetzgebers darin, die von der Gewerkschaft erstrittenen und durch Tarifverträge gesicherten Fortschritte in den Arbeitsverhältnissen durch Gesetze zu sichern. Diese bis heute beibehaltene Politik macht die Gewerkschaften zu Zwittern der beiden Ordnungsräume Wirtschaft und Soziales. Sie genießen die Freiheit der Tarifautonomie und nehmen teil an der Vormundschaft des Sozialsystems – auch das im Übrigen ein guter Grund, die vormundschaftliche Rolle der Sozialordnung in eine dienende zu verwandeln.

Für die Gewerkschaften im staatlichen Bereich ist diese Zwitterstellung besonders problematisch. Denn sie werden in der Ausübung ihrer Autonomie nicht durch die im Markt erworbene Leistungsfähigkeit der Unternehmen begrenzt. Sie partizipieren als Tarifpartei vielmehr an der staatlichen Macht auch insoweit, als diese die Kosten tarifvertraglicher Vereinbarungen per Gesetz auf die Gesamtbevölkerung abwälzen kann. Die Vorteile steigender Löhne sind dabei für die Mitarbeiter im staatlichen Bereich alle Mal höher als die auf sie folgende höhere Steuerlast. Daraus ergibt sich eine besondere Verantwortung ihrer Vertretung.

Nach den Vorstellungen unseres Arbeitsrechts stehen die Arbeitnehmer zu ihrem Unternehmen in einem personenrechtlichen Verhältnis. Der Arbeitgeber ist zur Fürsorge für die Arbeitnehmer verpflichtet, der Arbeitnehmer dem Arbeitgeber zur Treue. In der Tradition der Arbeitsbeziehung sprach man deshalb früher von einer Betreuung der Arbeitnehmer von der Wiege bis zur Bahre. Insbesondere im Umfeld der Montanindustrie waren derartige umfassende Bindungen an der Tagesordnung. Sie führten nicht nur zu einer besonderen Beziehung zum Unternehmen, sondern auch zur erwünschten Einschränkung der Mobilität der Arbeitnehmer, faktisch ihrer Freiheit der Arbeitsplatzwahl. Die langfristigen Auswirkungen dieser Strukturen sind bis heute erkennbar.

Unter dem Eindruck gewachsenen Wohlstands haben diese besonderen Beziehungen inzwischen an Bindungskraft verloren. Vielfach leben sie jedoch tief verwurzelt im kulturellen Gedächtnis der Arbeitswelt fort – als Verhältnis von Staat und Untertan. So hinterlässt der Kampf der Arbeiter um ihre Menschenwürde im späten 19. Jahrhundert noch heute Spuren im Rollenverständnis der Arbeitnehmer. Sie akzeptieren staatliche Vormundschaft, wenn es um soziale Fragen geht, aber sie handeln als freie Bürger, wenn es um den Markt geht, den Konsum oder die Reisefreiheit.

Sobald sich Arbeitnehmer für mehr Selbstständigkeit entscheiden, meldet sich der Sozialstaat mit seinem Schutz- und

Regelungsanspruch zu Wort. Er hat kein Interesse daran, ihren Wunsch nach Unabhängigkeit zu unterstützen und ihre Freiheitsräume zu stärken – etwa durch die Förderung einer eigenverantwortlichen Alterssicherung. So trafen Versuche, die Arbeitnehmer zur privaten Vermögensbildung anzuregen, immer wieder auf Widerstände. Als Georg Leber als Vorsitzender der Gewerkschaft Bau, Steine, Erden in den 1960er Jahren versuchte, seinen Bauarbeitern die Bildung privaten Vermögens schmackhaft zu machen, fand er zwar zurückhaltende Unterstützung bei fortschrittlichen Unternehmern; seine Gewerkschaftskollegen hielten dagegen wenig von seinen Plänen. Arbeitnehmer als Miteigentümer ihrer Unternehmen könnten das Interesse an ihren Gewerkschaften verlieren. Die Sorge, eine große Mehrheit der Bevölkerung könnte eines Tages im Wirkungsbereich sozialer Systeme privatrechtlichen Alternativen den Vorzug geben, ist bis heute ein wichtiges Motiv des Widerstands sozialstaatlicher Besitzstände und Institutionen.

Traditionell teilen die Gewerkschaften das Misstrauen der Sozialsysteme gegen Versuche der Sozialversicherten, sich zur Sicherung vor Risiken privatrechtlicher Alternativen zu bedienen und so mehr Eigenbestimmung und persönliche Verantwortung zu üben. Beide, die Sozialsysteme wie die Gewerkschaften, neigen dazu, derartige Bemühungen als unsolidarisch zu bewerten – gegenüber den in kollektive Systeme eingebundenen Arbeitskollegen, aber auch gegenüber den Sozialsystemen selbst und deren beanspruchtem Monopol auf Verwirklichung sozialer Sicherheit. Diese Haltung lässt sich kaum mit dem Schutz der Versicherten und Mitglieder vor Schaden erklären. Hingegen ist sie jedem Versuch abträglich, die Freiheitsräume der Bürger zu erweitern, die auf der Grundlage einer besseren Ausbildung und erworbener Qualifikationen und Lebenserfahrung mehr Verantwortung für sich übernehmen wollen.

In den Unternehmen begreift man dagegen zunehmend

– in der mittelständischen Wirtschaft schon lange –, dass es für sie und ihre Unternehmenskultur schädlich wäre, gerade dieses private Engagement brachliegen zu lassen. Vor dem Hintergrund der demographischen Entwicklung wird dieses Interesse weiter zunehmen. Den sozialen Sicherungssystemen und ihren institutionellen und politischen Akteuren fehlt es an einem vergleichbaren Weitblick.

Betrachtet man den Bereich der Arbeit als Ganzes, so entwickelt sich immer deutlicher die Trennung zwischen zwei Arbeitsmärkten. Im ersten Arbeitsmarkt herrscht eine hohe Mobilität – Ausdruck gestiegener Anpassungsfähigkeit und gewachsener Selbstständigkeit der Arbeitnehmer. Ihre Interessen sind denen der Unternehmen, insbesondere in der mittelständischen Industrie, verwandter als den klassischen Sozialsystemen und ihrem Schutzanspruch. Diese Interessennähe wird in den kommenden Jahren größer werden. Insbesondere Facharbeiter werden zunehmend die Möglichkeit haben, ihre Arbeitsbiografien selbst zu bestimmen. Denn sie werden umworben sein. Sie stammen in immer größerer Zahl aus den schwächeren Geburtenjahrgängen und können deshalb Nutzen ziehen aus der Verknappung des Arbeitskräfteangebots. Das heißt nichts anderes, als dass der Arbeitsmarkt zunehmend ein wirklicher Markt wird und die Arbeitnehmer, die ihre »Dienstleistungen« auf ihm anbieten, wirtschaftlich freiere Bürger werden.

Damit verändert sich auch die Einstellung der Arbeitnehmer zum vormundschaftlichen Charakter der Sozialordnung. Eine Trennung des ersten Arbeitsmarktes vom zweiten würde die »Emanzipationschancen« der Arbeitnehmer weiter erhöhen. Deshalb war es für mich auch nicht überraschend, dass meine Entscheidung, bei Bildung der ersten Staatsregierung im Freistaat Sachsen das Ressort Arbeit mit dem Wirtschaftsressort zu verbinden, von den Gewerkschaften positiv aufgenommen wurde. Auf diese Weise wurde auch institutionell der Tatsache Rechnung getragen, dass sich das Verhältnis der Sozialpartner, das heißt der Arbeitgeber und der Gewerkschaften, verändert. Ihre Konflikte bestehen zwar nach wie vor. Aber die klassische Rolle der Gewerkschaften, die sich eher an der sozialen Vormundschaft als an der Wettbewerbsordnung orientiert, wird sich ändern. Jedenfalls im Bereich des ersten Arbeitsmarktes, außerhalb der öffentlichen Verwaltung. Denn die Gewerkschaften werden den Interessen der Arbeitnehmer nur noch dann gerecht werden können, wenn sie die veränderte Wirklichkeit respektieren und ihre eigenen Strukturen entsprechend verändern.

Was den zweiten Arbeitsmarkt betrifft, sehen die Gewerkschaften ohnehin kaum Wirkungsmöglichkeiten. Langzeitarbeitslose lassen sich nur schwer kollektiv vertreten. In diesem Bereich langfristiger Arbeitslosigkeit und der Grundsicherung für Arbeitsuchende stagnieren die Bemühungen, Menschen in den ersten Arbeitsmarkt zurückzuführen. Bezüglich der Sozialordnung gehört der zweite Arbeitsmarkt viel eher in die Zuständigkeit der Sozialsysteme als der erste. Allerdings lehrt uns die Erfahrung mit der Grundsicherung für Arbeitsuchende, dass der Erfolg des zweiten Arbeitsmarktes in besonderem Maße auf die Mitwirkung der kommunalen Ebene angewiesen ist. Seine Organisation verlangt deshalb dringend nach einer subsidiären Gestaltung.

Dabei stößt man jedoch auf die Schwierigkeit, zwei konträre Ebenen miteinander zu verbinden. Die finanzielle Betreuung der rund sechs Millionen Menschen, die im »Anwendungsbereich« des als »Hartz IV« bekannten Gesetzes in Bedarfsgemeinschaften leben, obliegt der Bundesagentur für Arbeit in Nürnberg, also einer Bundesbehörde. Die Kommunen wiederum sind zuständig für die Unterbringung der Menschen und sonstige soziale Dienste. Für ihre Unterbringungsleistungen werden sie auf dem Umweg über die Länder vom Bund entschädigt.

Konflikte zwischen den beiden Ebenen sind deshalb praktisch vorprogrammiert. Um Lösungen ist man bemüht. Entscheidend ist, dass die Vorteile der Subsidiarität nicht durch den zentralen Charakter der Bundesbehörde verdrängt werden.

Denn die Vermittlung von Menschen aus zum Teil langjähriger – und damit oft zur Gewohnheit gewordener – Arbeitslosigkeit gehorcht anderen Gesetzen als die »normale« Arbeitsvermittlung, von der zudem immer weniger Arbeitnehmer Gebrauch machen werden. Wie sich in den letzten Jahren gezeigt hat, stellen sich Erfolge in der Regel nur ein durch persönliche Betreuung, Ermutigung und Unterstützung bei immer neuen Bewerbungsversuchen. Ohne aktive Mitwirkung der kommunalen Gemeinschaft, unterstützt durch die Professionalität der Kommunen, kann dieser Einsatz nicht geleistet werden.

Das Gleiche gilt für die Zusammenarbeit der beiden sonst eher antagonistischen Ebenen. Erfahrungen mit der Entwicklung einer wirklichen Vertrauensbasis zwischen ihnen fehlen. Im Blick auf das Wohl der Betroffenen, vor allem ihrer Kinder, ist sie jedoch unverzichtbar. Für die Bundesagentur ist dies eine große Herausforderung. Sie ist im Grunde ein Zwischenglied zwischen der obersten und der untersten Ebene einer Aufgabe, die zentrale Führung ebenso verlangt wie Einfühlungsvermögen in individuelle Sachverhalte. Vorschläge, wie beides verträglich gestaltet werden und gelingen kann, gibt es.

Entscheidend wird sein, ob sich die Agentur in der Lage sieht, ihren Mitarbeitern vor Ort den Ermessensspielraum zu gewähren, ohne den sie ihrer Aufgabe nicht gerecht werden und auf Ideen und Initiativen der kommunalen Ebene nicht eingehen können. Mir ist bewusst, dass jede derartige Überlegung mit der behördlichen Neigung kollidiert, Ermessensentscheidungen notfalls mit strafrechtlichen Mitteln zu ahnden – vor allem dann, wenn sie den von begrenzter Erfahrung und tiefem

Misstrauen der Zentrale definierten Pfad behördlicher Tugend verlassen. Derartige Neigungen und Vorgaben töten jede Bereitschaft der Mitarbeiter vor Ort, wenn es darum geht, ein individuelles Problem sachgerecht und erfolgreich zu lösen und dafür verantwortungsvolles Ermessen zu üben.

Eine wichtige Voraussetzung für die Verwirklichung einer neuen Wirtschafts-, Arbeits- und Sozialordnung ist allerdings, dass wir endlich dem Vorhaben nähertreten, die Sozialkosten von den Arbeitskosten zu trennen. Als ich in den 1980er Jahren auf einem CDU-Parteitag diesen Gedanken vortrug, verzieh man mir das Sakrileg, an der Sinnhaftigkeit bestehender Sozialsysteme zu zweifeln. Man schob mein Fehlverhalten auf mangelndes politisches Gespür und professorale Neigungen. Die Notwendigkeit einer solchen Trennung hat seitdem an Dringlichkeit zugenommen.

Unterstellt, die Trennung würde gelingen. Dann würde zum einen die Begrenzung des staatlichen Sozialsystems auf Grundsicherungen befördert werden. Die wiederum würden aus dem Steueraufkommen finanziert. Das würde, angesichts der progressiven Besteuerung höherer Einkommen, zu einer wesentlich gerechteren Verteilung der Soziallasten führen als das gegenwärtige Beitragssystem, das Geringverdienenden eine verhältnismäßig höhere Belastung zumutet als höher Verdienenden. Schließlich stünden den Arbeitnehmern als Folge der Trennung, selbst bei konstanten Löhnen, zusätzliche Mittel zur Verfügung, die sie für die Vermögensbildung oder Altersvorsorge nach individuellen Bedürfnissen einsetzen könnten. Da ihre große Mehrheit nur in geringem Maße durch Steuern belastet ist, würde die Finanzierung der Grundsicherung aus dem Steueraufkommen den Vorteil ersparter Sozialabgaben kaum verringern – ein weiterer Freiraum für persönliche Verantwortung und Freiheit wäre gewonnen.

Betrachtet man das Ergebnis unserer Überlegungen, so zeigt

sich, dass es in der Tat möglich ist, Erhards Vision einer ganzheitlichen Ordnung der Wirtschafts-, Arbeits- und Sozialverfassung zu verwirklichen. Deutschland käme die Ganzheitlichkeit der Ordnung in mehrfacher Hinsicht zugute. Zum einen durch den Gewinn an Freiheit und gelebter persönlicher Verantwortung für seine Bürgerinnen und Bürger. Das sollte schon für sich genommen jede politische Anstrengung rechtfertigen, die mit dem Umbau unserer Sozialordnung verbunden sein wird. Zum zweiten durch die begrenzende Wirkung von Strukturen, die dem Grundsatz der Subsidiarität verpflichtet sind.

Schließlich kommt uns eine solche ganzheitliche, freiheitliche, auf dem Subsidiaritätsprinzip beruhende Ordnung durch die Aussicht zugute, dass sich die Kommunen dank ihrer Bürgergemeinschaft, ihrer kleinen Lebenskreise und ihrer Familien zu Orten der Innovation, ja der Erfindung neuer Sozialstrukturen entwickeln. Sie könnten uns helfen, die Herausforderungen der demographischen Revolution zu bestehen, von der wir bisher kaum mehr wissen, als dass sie stattfindet. Verlierer werden die herrschenden Strukturen und Besitzstände der heutigen Sozialordnung sein. Falls sie bereit sind, sich an deren Umbau zu beteiligen, können sie dem Land mit ihren Erfahrungen gute Dienste leisten. Falls sie sich gegen den Umbau wehren, werden sie alle Vermutungen bestätigen, ihre vormundschaftliche Macht sei ihnen wichtiger als das Wohl des Landes. Deutschland wird das belastende Ungleichgewicht seiner Haushalte und die Entgrenzung der Ansprüche nur einfangen können, wenn Erhards Vision von der Bindung der Macht durch eine Ordnung der verantworteten Freiheit Wirklichkeit wird. Dazu können wir alle beitragen. Wir haben die Wahl.

Neuntes Kapitel

Die Entdeckung der Bescheidenheit

>»Der freiheitliche, säkularisierte Staat lebt
von Voraussetzungen, die er selbst nicht
garantieren kann.«
Ernst-Wolfgang Böckenförde

I

Eine europäische Kultur

Im Frühjahr 2002 beauftragte der damalige Präsident der EU-Kommission, Romano Prodi, eine Gruppe von Persönlichkeiten, über die Frage nachzudenken, welche Werte von besonderer Bedeutung für den Prozess der weiteren Integration Europas seien. Die mittel- und südosteuropäischen Staaten waren seit kurzem Mitglieder der Europäischen Union. Deren Spannbreite hatte dadurch erheblich zugenommen; ebenso die Bedeutung der Kräfte, auf die man würde rechnen können, wenn es um den inneren Zusammenhalt Europas geht.

Der »Reflexionsgruppe«, wie sie genannt wurde, gehörten zwölf Personen an, darunter aus Deutschland die damalige Präsidentin des Goethe-Instituts, Jutta Limbach, und ich. Nach zahlreichen Beratungen und Anhörungen in mehreren europäischen Hauptstädten fasste die Gruppe das Ergebnis ihrer Überlegungen in einem Abschlussbericht zusammen. Er enthält im Kern die folgenden Gedanken.

Mit der Erweiterung der Europäischen Union wächst nicht nur ihre Bedeutung. Auch die an sie gerichteten Erwartungen und die wirtschaftlichen und sozialen Unterschiede nehmen zu. Das Ziel der Lissabon-Agenda, Europa zur wirtschaftlich stärksten Region der Welt zu entwickeln, bringt die Europäer nicht näher zusammen. Es trägt nicht zum Zusammenhalt Europas bei. Wirtschaftliche Integration bewirkt nicht aus sich heraus eine politische Union Europas, denn sie vermag keine belastbare Solidarität unter den Europäern hervorzubringen.

Wo also finden wir die Kräfte, die den inneren Zusammenhalt einer politischen Union gewährleisten können, wenn die wirtschaftliche Integration an Dynamik verliert? Unsere Gruppe kam zu der Überzeugung, dass diese Kräfte nur in der gemeinsamen Kultur Europas zu finden sein können. Zwar haben die bisherigen Kräfte und Interessen ihre Wirkung nicht verloren. Sie wird aber durch die Entwicklung zunehmend relativiert. In gleichem Maße gewinnt die gemeinsame europäische Kultur – die geistige Kraft der europäischen Integration – an Bedeutung.

Worin die gemeinsame europäische Kultur besteht, lässt sich nicht ein für alle Mal bestimmen. Ihr Inhalt unterliegt einem stetigen Prozess politischer »Verhandlungen« zwischen den Völkern Europas, ihren Institutionen und gesellschaftlichen Gruppen. Diese immer neuen kulturellen und geistigen Vergewisserungen finden in einem Raum statt, den man als »europäischen kulturellen Raum« bezeichnen könnte. Er ist durch die gemeinsame Geschichte, die Erfahrungen miteinander und die politischen, wirtschaftlichen, sozialen, geistigen und religiösen Kräfte definiert, die in Europa wirksam waren und weiterhin sind. Ihn zu beleben ist nicht nur eine politische Aufgabe. Im Kern ist es eine Aufgabe der europäischen Zivilgesellschaft. Die europäische Politik muss den Prozess befördern, in dem sich eine gemeinsame europäische Kultur finden und entwickeln kann. Die politische Kultur muss mit dieser kompatibel bleiben.

Dazu gehört nicht zuletzt die Stärkung einer europäischen Solidarität, die über die institutionelle Solidarität hinausgeht. Ein Zusammengehörigkeitsgefühl der Europäer lässt sich weder erzwingen noch allein politisch herbeiführen. Doch seine Entwicklung zu fördern gehört zu den wichtigsten langfristigen Aufgaben Europas.

II

Das dynamische Gleichgewicht

Vor diesem Hintergrund kommt dem Verhältnis von Wirtschaft und Kultur in Europa besondere Bedeutung zu. Denn die Fähigkeit eines Gemeinwesens, sich stets aufs Neue zu begrenzen und damit seine Identität zu sichern, wird wesentlich durch sein inneres kulturelles Gleichgewicht beeinflusst. Auch diese Überlegungen führen uns zu der Vision Ludwig Erhards zurück, eine Ordnung zu schaffen, in der Wirtschaft und Wohlstand nicht als Zweck an sich gesehen werden, sondern als Möglichkeit, den Horizont des eigenen Lebens auszuweiten in die Räume, in denen der eigentliche Sinn des Lebens zu finden ist.

Von Kultur im Zusammenhang mit der Ordnung der Wirtschaft zu sprechen, heißt die Ganzheitlichkeit menschlicher Gesellschaft in den Blick zu nehmen. In diesem umfassenden Sinne definiert Kultur die Identität einer konkreten Gesellschaft, eines Volkes, einer Nation oder, in unserem Fall: des europäischen Kontinents. Sie unterscheidet sich von anderen Kulturen als Ausdruck anderer Ganzheitlichkeiten. Aufgehoben in dieser Ganzheitlichkeit sind die Geschichte, die Wertvorstellungen, die bleibenden Erfahrungen mit der eigenen Identität ebenso wie die Ziele, Erwartungen und Zukunftsentwürfe des Gemeinwesens.

Als Ausdruck der Ganzheitlichkeit und Identität des Gemeinwesens durchdringt die Kultur alle Bereiche seiner politischen, gesellschaftlichen und institutionellen Existenz: seine staatlichen, wirtschaftlichen, sozialen und zivilgesellschaftlichen Strukturen, seine Bildungseinrichtungen, seine Künste, seine freizeitlichen Aktivitäten und den durch die Religion definierten Raum. Diese kulturelle Durchdringung ist jedoch nicht einseitig. Sie steht in einem sich ständig verändernden Wechselverhältnis mit der Gesellschaft und ihren Teilbereichen. Diese beeinflussen ihrerseits die Substanz dessen, was wir als Kultur bezeichnen.

In diesem Prozess wechselseitiger Beeinflussung gestalten und verändern sich auch die Beziehungen der gesellschaftlichen Teilbereiche untereinander. Die Wirtschaft wirkt auf soziale und bildungspolitische Bereiche ein und umgekehrt. Zivilgesellschaftliche Strukturen werden durch staatliche und korporatistische beeinflusst, bestimmen aber zugleich auch die Grenzen staatlichen Handelns. Prioritäten unter den Teilbereichen bilden und verändern sich wie die Bedeutung, die wir ihnen beimessen.

Für die nachhaltige Stabilität des Gemeinwesens ist es von großer Bedeutung, dass sich dieser hochkomplexe Prozess in einem dynamischen Gleichgewicht vollzieht. Darunter ist die Fähigkeit zu verstehen, entstandene Ungleichgewichte unter den Teilbereichen gesellschaftlichen Handelns zu korrigieren, um eine dauerhafte Dominanz einzelner Teilbereiche zu verhindern. Nur wenn ein solches dynamisches Gleichgewicht gewährleistet ist, vermag das Gemeinwesen die in ihm angelegten Potentiale zur vollen Entfaltung zu bringen.

Die dauerhafte Dominanz eines Teilbereichs – seien es die Wirtschaft, die sozialen Systeme, die Wissenschaft oder die Religion – reduziert die Ganzheitlichkeit des Gemeinwesens zunehmend auf die Eigengesetzlichkeit des dominierenden Bereichs. Sie beeinträchtigt und lähmt schließlich die schöpferische Wechselwirkung zwischen den Teilbereichen. Diese versuchen zunächst, sich durch Spezialisierung und institutionelle Verselbstständigung aus dem Gesamtzusammenhang zu lösen, um so einer Dominanz zu entgehen. Bereits dadurch verringert sich das kulturelle Potential des Gemeinwesens. Gelingt die Verselbstständigung nicht, setzt eine neue Art von Wechselwirkung ein: In dem Maße, in dem die Dominanz eines Teilbereichs die Wirksamkeit der anderen zurückdrängt, schwindet auch deren Fähigkeit, zur Wiederherstellung des Gleichgewichts beizutragen. Die Dominanz des Teilbereichs wird so ständig weiter verstärkt.

Am Ende definiert der dominierende Teilbereich die kulturelle Substanz des Gemeinwesens. Die zurückgedrängten Teilbereiche verlieren ihre eigenständige kulturelle Kraft. Aus der Sicht des gesellschaftlichen – und damit kulturellen – Ganzen werden sie zunehmend als Teilbereiche wahrgenommen, die sich in einer abhängigen Rolle zum dominierenden Bereich befinden. Damit gerät das Gemeinwesen dauerhaft aus dem Gleichgewicht. Es wird Opfer einer Begrenzungskrise. Diese wiederum gefährdet seine Stabilität, seinen inneren Zusammenhalt und letztlich auch die Legitimation seiner staatlichen und demokratischen Verfasstheit. Aus der Geschichte wissen wir, dass derartige Begrenzungskrisen entweder zu Diktaturen oder zum staatlichen Zerfall führen.

III

Die Überwindung der Begrenzungskrise

Es ist heute weitgehend anerkannt, dass sich in den letzten Jahrzehnten in der westlichen Welt und darüber hinaus eine Dominanz des Ökonomischen entwickelt hat. Ihre Wirkung wird noch gesteigert, wenn sie sich mit der sozialpolitischen Vormundschaft des Staates verbindet – und diese wiederum auf die Expansion des Ökonomischen angewiesen ist.

Auf diese Weise verstärkt, bedroht die Dominanz des Ökonomischen die Kultur des betroffenen Gemeinwesens und seine demokratische Verfasstheit. Sie erzeugt eine Begrenzungskrise. Viele der Phänomene und Entwicklungen, denen wir in diesem Buch begegnet sind, lassen darauf schließen, dass wir uns in einer kulturellen Begrenzungskrise von historischer Bedeutung befinden. Dazu ein paar abschließende Thesen.

1. Die Dominanz des Ökonomischen ist nicht auf eine Nation wie Deutschland begrenzt. Sie ist kennzeichnend für die Europäische Union und – unbeschadet nationaler Besonderheiten – für den kulturellen Zustand der Mitglieder der westlichen Staatengemeinschaft insgesamt. Das bedeutet, dass wir von den Wechselwirkungen unter den Staaten keinen begrenzenden Einfluss erwarten können. Im Gegenteil: Die inhaltliche, strukturelle und technische Angleichung der Märkte, der wirtschaftlichen Zielsetzungen und der Erwartungen der Bevölkerungen sind geeignet, die Dominanz des Ökonomischen weiter zu verstärken.

2. Angetrieben wird dieser Prozess durch die verbreitete Überzeugung, anhaltendes und angemessenes Wirtschaftswachstum sei eine unverzichtbare Grundlage der inneren Stabilität westlicher Demokratien und damit ihrer Regierbarkeit. Wie wir gesehen haben, bestimmt diese Überzeugung seit den 1970er Jahren das wirtschaftspolitische Denken des Westens. Sie ist zu einem Wert an sich geworden.

3. Auf die Wechselwirkung zwischen dem Ökonomischen und den anderen Teilbereichen des Gemeinwesens bleibt diese Entwicklung nicht ohne Einfluss. Sie verstärkt deren dienende Funktion – bis hin zu der Vorstellung, die Kultur »diene« der Wirtschaft und der Attraktivität von Investi-

tionsstandorten und leite daraus ihre Sinnhaftigkeit her. Diese Indienstnahme der Kultur ist die wesentliche Ursache der Begrenzungskrise. Ihre weitreichende Bedeutung liegt in der Gefahr, die kulturelle Substanz auch der anderen Teilbereiche – wie Bildung, Wissenschaft, Kunst, Sozialordnung, aber auch Recht – den ökonomischen Zielsetzungen dienstbar zu machen. Die Ökonomie als beherrschende Dimension einer Gesellschaft kann jedoch den politischen und kulturellen Zusammenhalt eines demokratischen Gemeinwesens weder allein noch als dominierende Kraft sichern.

4. Auf nationaler Ebene und auf der Ebene der Europäischen Union vollziehen sich die wirtschaftlichen Prozesse ungeachtet der dominierenden Rolle des Ökonomischen grundsätzlich weiterhin unter der Herrschaft des Rechts. Sie unterliegen in dieser Hinsicht wirksamen Begrenzungen. Zwar lässt sich auch hier eine Erosion dieser Begrenzung durch sogenannte wirtschaftspolitische Zweckmäßigkeiten beobachten, doch bleiben die Begrenzungsprobleme Gegenstand politischer Auseinandersetzung und Gestaltung. Damit ist eine grundsätzliche Wertbindung wirtschaftlichen Handelns gewährleistet – wenngleich die Schwächung ihrer kulturellen Substanz ihre Wirksamkeit als begrenzende Kraft beeinträchtigt.

5. In den globalen Märkten fehlt es an einer vergleichbaren rechtlichen Begrenzung der Freiheit wirtschaftlichen Handelns. Dass sie auch auf globaler Ebene notwendig ist, wird im Prinzip kaum noch bestritten. Erste Versuche, solche Begrenzungen zu institutionalisieren (etwa im Rahmen der Welthandelsorganisation, der Weltbank, des Internationalen Währungsfonds oder der UNO), werden unternommen, sind jedoch bisher nicht besonders wirksam. Ob es gelingt, sie auszubauen, ist angesichts der Dynamik des

Ökonomischen im weithin offenen und unbegrenzten Raum der globalen Märkte nicht sehr wahrscheinlich. Zwar bleibt den Staaten und Staatengruppen die Möglichkeit, die entstandenen Defizite durch eine Renationalisierung der rechtlichen Bindungen teilweise auszugleichen. Aber auch diesen Versuchen sind enge Grenzen gesetzt.

So bleibt die Aufgabe, nach Grundlagen und Kräften zu suchen, mit deren Hilfe Begrenzungskrisen überwunden, jedenfalls in ihrer Wirkung eingeschränkt werden können. Dabei müssen wir damit rechnen, dass sich die Dominanz des Ökonomischen durch wachsende Ressourcenknappheit und die Konkurrenz neu in die Märkte drängender Volkswirtschaften weiter verstärken wird. Selbst in den Nationalstaaten und in der Europäischen Union werden die Versuche zunehmen, rechtliche wie ganzheitliche, also kulturell relevante Gesichtspunkte zugunsten ökonomischer Zweckmäßigkeit zurückzudrängen. Ähnliches muss man für die Versuche erwarten, globales Wirtschaften normativ zu begrenzen.

6. Gesellschaftliche Ungleichgewichte, die zu dauerhafter Dominanz von Teilbereichen einer Gesellschaft führen, sind nicht auf das Ökonomische beschränkt. In der islamischen Welt erleben wir derzeit den Versuch, die Religion zur dominierenden Kategorie zu erheben und die Ganzheitlichkeit der Gesellschaft und ihrer Kultur durch sie zu definieren. Welche Bedeutung derartige Entwicklungen für die Sicherheit und Friedfertigkeit der Welt und ihrer Regionen haben, ist ungewiss. Ebenso offen sind Versuche, eine solche Dominanz durch die Ökonomisierung der Beziehungen zu religiös dominierten Staaten zu relativieren oder ihre Entstehung zu verhindern. Der viel zitierte »Kampf der Kulturen« handelt von diesem Problem: vom Aufeinanderprall zweier Gesellschaften oder Kulturkreise, die sich beide in ei-